Charles Pigeard

MÉLANGES

TOME DEUXIÈME

I. Considérations sur l'application de l'hélice et sur la
transformation du matériel naval [1853]

II. Etude sur la situation de la Marine anglaise
au début de la création du matériel cuirassé [1863]

III Etude historique et géographique sur l'archipel des Açores
[1847]

IV. Une exploration dans le fleuve du Gabon
côte occidentale d'Afrique [1846]

BREST

IMPRIMERIE F. HALÉGOUET, RUE KLÉBER, 11

1879

MÉLANGES

CHARLES PIGEARD

MÉLANGES

TOME DEUXIÈME

BREST

IMPRIMERIE F. HALÉGOUET, RUE KLÉBER, 11

—

1879

CONSIDÉRATIONS

L'APPLICATION DE L'HÉLICE

LA TRANSFORMATION DU MATÉRIEL NAVAL

AVANT-PROPOS

La question de l'introduction définitive de l'hélice dans la marine a longtemps divisé les officiers de la marine, et, pendant plusieurs années, des études consciencieuses, appuyées sur l'expérience, se sont efforcées d'éclairer ce problème.

Les considérations que nous livrons ici faisaient l'objet d'un travail écrit au commencement de 1853, au fort de cette fièvre et pendant que les préoccupations du pays en fait de guerre maritime visaient particulièrement l'Angleterre.

C'est sur ce terrain qu'il faut se placer

pour apprécier les développements auxquels nous nous sommes livré dans cette étude. Il est sensiblement resté le même, malgré les 26 ans qui se sont écoulés depuis que nous préparions cette étude.

C. P.

CONSIDÉRATIONS

SUR

L'APPLICATION DE L'HÉLICE

ET SUR

LA TRANSFORMATION DU MATÉRIEL NAVAL

(1853)

§ Ier

Les hommes de mer, depuis longtemps déjà, suivent avec sollicitude le développement des moyens d'action que la vapeur est venue fournir à la guerre maritime. Circonspects d'abord dans leurs aspirations, ils les bornèrent longtemps à rêver pour chaque vaisseau un bon remorqueur à roues, capable d'augmenter son cercle d'action et de le soustraire aux circonstances défavorables du calme, du vent et des courants contraires. Le succès de plu-

sieurs expéditions importantes : Ulloa,
Tanger, Mogador, put leur faire croire un
instant que ces vœux étaient réalisés ; mais
bientôt la science et l'observation, combi-
nant leurs efforts, produisirent la vapeur à
hélice, dont l'appareil moteur, complètement immergé, promettait de défier les
injures de la mer et des projectiles.

Quelques marins ne virent, au début,
que cet avantage dans le nouveau propulseur ; avantage considérable sans doute,
et qui faisait faire à l'application de la
vapeur au bâtiment de guerre un pas
immense ; mais on ne tarda pas à reconnaître qu'il en présentait un autre non
moins précieux : celui de permettre l'emploi combiné de la voile et de la vapeur
dans toutes les proportions imaginables,
et d'étendre ainsi sur une large échelle, à
la navigation commerciale, l'usage de la
vapeur.

Voulait-on, en effet, un navire à grande

vitesse, destiné à de courtes, mais rapides traversées? Il suffirait d'augmenter sa machine en réduisant sa voilure, qui ne devrait jamais remplir qu'un rôle secondaire. S'agissait-il de voyages plus étendus, impliquant des opérations importantes, dans des climats où le vent est ordinairement d'un grand secours? On développerait l'appareil des voiles, en réduisant celui de la vapeur. Enfin, fallait-il parcourir de très-longues distances, privé de moyens de ravitaillement en charbon? Le bâtiment, presque exclusivement voilier, serait muni d'une très-faible machine, dépensant peu de combustible et devant servir seulement dans les cas exceptionnels.

C'était une révolution radicale dans l'art. Les roues, bien que pouvant, dans une certaine mesure, s'appliquer à la navigation au long cours; bien qu'ayant même fourni, sous ce rapport, quelques résultats importants, étaient d'un usage beaucoup moins commode.

Les essais des premiers navires à hélice furent timides ; il fallait constituer un matériel nouveau, que des expériences entouraient de promesses flatteuses, et renoncer à l'ancien, qui, bien que défectueux à certains égards, avait cependant conquis des titres honorables dans l'opinion des hommes de mer. On se demandait, avec une apparente raison, si l'emploi de l'hélice n'entraînerait pas souvent des accidents ; si ce propulseur immergé et invisible ne serait pas d'un accès et d'une réparation difficiles ; s'il ne serait pas fréquemment dérangé à la mer ; si l'arrière des bâtiments n'en souffrirait pas de promptes déliaisons, etc.

Cependant, le premier pas était fait ; de petits bâtiments de guerre se construisaient en France et en Angleterre, et donnaient de bons résultats ; des officiers et des ingénieurs distingués poursuivaient sans relâche la solution du problème sur une grande échelle, et bientôt ils purent présenter un faisceau d'observations si bien lié, que le Gouvernement passa d'emblée du petit aviso le *Corse* à la frégate de 40 canons la *Pomone*. C'était un progrès sérieux vers le grand bâtiment de guerre mixte, et ce progrès était d'autant plus important qu'il devançait subitement tous ceux des Anglais.

C'est, disons-le en passant, un trait à mentionner dans notre époque, que la France, plus lente peut-être à s'assimiler les grandes découvertes modernes, est, de toutes les nations, celle qui aborde le plus résolument les expériences concluantes : la frégate la *Pomone* et le vaisseau le *Napoléon*, dont nous parlerons plus en détail ultérieurement, sont, dans le cas qui nous occupe, une preuve éclatante de cette assertion.

Pendant que ces essais s'accomplissaient dans nos arsenaux de la Manche, l'industrie

privée, en Angleterre particulièrement, mul-
tipliait les constructions à hélice de moyenne
dimension, et la science ne tarda pas à
posséder les principaux éléments de cette
grande transformation qui, avant vingt ans,
aura probablement changé les relations
des peuples maritimes.

§ II

Parallèlement à ce mouvement principal, il en faut mentionner un autre auquel on n'a peut-être pas accordé toute l'attention qu'il méritait, et qui n'a été guère moins important que celui qui lui a donné naissance : nous voulons parler de la réforme accomplie dans les constructions à voiles ; réforme particulièrement appliquée, en Angleterre et en Amérique, aux bâtiments de commerce, et digne, à tous égards, de l'intérêt des hommes de mer.

L'hélice menaçait de changer les combinaisons commerciales et d'accaparer presque tous les chargements de haute valeur ; c'était aux grands capitalistes, capables d'échelonner des dépôts de combustibles partout et de faire face aux dépenses d'un matériel considérable, qu'allaient revenir, peu à peu, toutes les opérations de rapport. Le monopole pourrait ainsi s'emparer des marchés avantageux d'une manière presqu'exclusive, et la navigation à voiles serait forcée de borner ses prétentions au transport des lourds chargements, dont les arrivages exacts ou rapides n'intéressaient que secondairement la prospérité nationale.

Les armateurs s'émurent et avec eux les constructeurs. Aux Etats-Unis surtout, ce pays patriotique par excellence, on se demanda si à l'aide de formes nouvelles, conciliant, dans de justes proportions, le besoin d'une vitesse exceptionnelle et le taux des bénéfices, il ne serait pas possible de primer les bâtiments mixtes sur les longues lignes, où règnent des brises régulières bien connues.

Il y avait là un vaste champ d'études comparatives à explorer : le navire pourvu d'une hélice coûtait presque le double du navire à voiles et prenait bien moins de chargement; sur une traversée de l'Inde ou de l'Australie, il lui fallait forcément plusieurs dépôts de combustible, afin d'assurer à la fois la régularité de sa navigation à la vapeur et la sûreté de sa navigation accidentelle à la voile; ses moindres avaries entraînaient, dans ces pays étrangers, de grands embarras et de fortes dépenses; les chances d'accidents se multipliaient, etc., etc. Si, au lieu de donner au navire une hélice auxiliaire, on parvenait à le construire assez fin voilier pour atteindre sûrement 11 et 12 nœuds sur le largue, et 9 à 10 au plus près, pour virer à 10 quarts de beau temps, à 11, ou même à 12, avec un peu de mer; si ces conditions, disons-nous, pouvaient être réunies dans un navire à voiles, n'est-il pas certain, qu'en général, il aurait l'avantage sur celui muni d'une petite machine? A 10 quarts, sur les deux bords, avec vent debout et 9 nœuds de vitesse moyenne, il gagnerait plus de 4 milles par heure dans le vent, tandis que, par la même brise, son adversaire ne pourrait en atteindre 3. Que si, au lieu d'une simple machine auxiliaire, ce dernier avait une puissante machine, il coûterait nécessairement plus cher, prendrait peu de chargement, dépenserait beaucoup de charbon et rapporterait encore, tout compte fait, moins de bénéfices que l'autre.

Le navire à voiles ainsi perfectionné n'aurait de désavantage réel, vis-à-vis du navire mixte, que dans le calme. Or, grâce aux consciencieux relevés de journaux de bord, faits sur plusieurs milliers de traversées, par le lieutenant Maury, aux États-Unis, par Lartigue et Duperrey, en France, la carte des vents variables des principales lignes transocéaniques est aujourd'hui aussi régulièrement établie que celle des vents alisés dans la zone torride. Le navigateur la consulte avec une assurance qui, dans la plupart des cas, donne à ses appréciations quelque chose de mathématique; il peut profiter des moindres chances de vents favorables que présentent les parages où il passe, éviter ceux où règne le calme, et, par un détour fait à propos, s'épargner des lenteurs ou des tâtonnements.

De tous ces progrès, de toutes ces combinaisons que l'homme d'affaires traduit en chiffres de débours et de profits, est né le *clipper*, bâtiment étroit et allongé, mesurant peu de bau, mais un grand creux sur quille, orientant très-près en raison du peu d'empature de son gréement, atteignant de grandes vitesses, grâce à une voilure considérable et à des formes très-fines, mouillant un peu par l'avant, demandant beaucoup d'expérience dans celui qui le conduit, mais réalisant, tout compte fait, des traversées d'un dixième plus rapides que celles des bâtiments mixtes à petite puissance, et, par conséquent, des bénéfices plus considérables.

Les Anglais et les Américains ont les premiers inauguré cette concurrence au navire mixte sur les lignes du Brésil, du Cap, de l'Inde, de l'Australie; si les Français, plus circonspects, ou moins pressés par leurs besoins commerciaux, ont tardé davantage, ils ont en revanche marqué d'un progrès leur participation aux constructions nouvelles, et, depuis trois ans, les ateliers de M. Normand, l'habile ingénieur du Havre, lancent des *clippers* qui, dit-on, surpassent en rapidité et en qualité tout ce qu'on a fait jusqu'ici à l'étranger.

Remarquons, en passant, que ce n'est pas seulement par des formes nouvelles que la marine à voiles a caractérisé sa conquête récente : les gréements se sont dégagés de tous les agrès inutiles et ont reçu des dispositions qui, sans nuire à la solidité des mâtures, ont rendu l'orientation facile

et plus complète; les voilures se sont sim-
plifiées, les pouliages ont été agrandis, etc.;
en un mot, chaque partie du matériel a subi
une transformation avantageuse.

Tous ces progrès, c'est à l'introduction
de l'hélice qu'il faut particulièrement les
faire remonter ; un bienfait en amène un
autre. Il a fallu que la voile, cet instrument que l'homme a toujours employé, et
avec lequel il a, dans les temps les plus
reculés, accompli des voyages presque aussi
longs que les nôtres; cet instrument qui lui
reste utile sous toutes les latitudes, et sur
lequel seul il peut toujours compter; il a
fallu que la voile fût exposée à un coup
mortel pour développer tout ce qu'elle a
de supériorité invincible dans le plus
grand nombre des cas.

Quelqu'étonnantes, en effet, que puissent
être les découvertes de l'esprit humain
dans cette voie de la vapeur, tant que, pour
marcher, le navire aura besoin de charbon;

tant que ses opérations seront limitées par ses capacités, le vent ne cessera pas d'être le plus puissant agent de la navigation, le seul qui ne fasse jamais défaut, parce qu'il est le fruit d'un ordre immuable des lois de la nature.

§ III

Dans la construction du navire à vapeur à roues, aucune hésitation n'était possible ; la force de la machine découlait naturellement de la vitesse qu'on voulait obtenir, considération gardée de la surface du maître couple immergée ; les voiles étaient un simple en-cas, dont chacun tirait le meilleur parti possible suivant les parages, et le charbon restait toujours la véritable ressource contre les difficultés que les formes du navire n'auraient pu vaincre autrement. Mais, pour le navire à hélice, dont aucun appendice extérieur ne devait gêner l'action comme voilier, cette force de la machine pouvait varier à l'infini, et la diversité des types ne reconnaissait d'autres limites que les besoins spéciaux de la nation qui en ferait usage. Cette diversité pourrait être considérable pour l'Angleterre, dont le pavillon a besoin de protection sur tous les points du monde, et trouve partout des dépôts de combustible; elle serait nécessairement moindre pour la France, qui a peu de colonies et peu d'intérêts lointains à sauvegarder.

Dans cette voie de transformation, les puissances maritimes avaient donc, chacune suivant les besoins de sa politique et de son commerce, une marche particulière à suivre, et c'était à celle qui comprendrait le mieux le parti que ses aptitudes lui permettaient de tirer de l'hélice, qu'allait, au début, appartenir la supériorité.

La France aborda intelligemment le problème, en ordonnant d'emblée la construction d'un vaisseau à grande vitesse; et, tandis que de l'autre côté du détroit on en poursuivait patiemment, mais avec énergie, la solution par des expériences sur d'anciens vaisseaux, l'arsenal de Toulon produisait du premier coup, sous la direction d'un ingénieur habile, le vaisseau de 90 canons le *Napoléon,* de mille chevaux de force, portant un approvisionnement de vivres et de charbon relativement considérable, et fournissant 13 nœuds de vitesse normale.

Les Anglais, de leur côté, avaient allongé quelques coques en chantiers, désireux d'utiliser le matériel existant et de concilier, autant que possible, la condition d'une machine puissante avec celle d'approvisionnements suffisants pour une longue campagne.

De chaque côté du détroit, on vantait les résultats obtenus; mais, il faut le dire, l'avantage était tout entier de notre côté. D'un bond, nous venions de dépasser nos voisins, et, pour avoir été plus lents dans nos progrès, nous les avions accomplis plus sûrement qu'eux. Ils comprirent que le nouveau propulseur allait nous livrer de grands éléments de force, et qu'avec des instruments comme le *Napoléon*, il n'y aurait plus, si nous le voulions, de disproportion de forces qui pût mettre leurs côtes à l'abri d'un coup de main.

§ IV

Qu'on nous permette ici quelques observations qui, pour ne pas être entièrement de notre sujet, s'y rattachent cependant d'une manière essentielle.

Dès que la vapeur eut, vers 1840, définitivement conquis sa place dans les marines militaires, il fut aisé de prévoir l'immense parti que la France en pourrait tirer pour le rétablissement d'un équilibre qui importe à sa dignité autant qu'à ses intérêts. Tout le monde, cependant, ne se rendit pas à l'évidence; beaucoup de bons esprits même, ne voyant dans cette puissance nouvelle qu'un accessoire, continuèrent à rêver le développement de la marine à voiles, comme moyen essentiel de recommencer les anciennes luttes d'escadres.

A côté de ces illusions respectables, sinon fondées, quelques voix malheureuses ne craignirent pas de proclamer l'inutilité d'une grande marine.

De ces opinions contradictoires, ne serait-il pas possible de dégager en partie une vérité, en étudiant rapidement la mission et les besoins nouveaux de la France au point de vue maritime?

L'histoire contient des enseignements éloquents, que toutes les spéculations de l'amour-propre ne sauraient anéantir. La vie des peuples, pas plus que celle des individus, ne se poursuit nécessairement dans la même ornière du commencement à la fin. On y voit, sous l'empire des circonstances, se modifier certains besoins nationaux et s'en révéler de nouveaux : Vers la fin du xviie siècle, alors que l'Angleterre préludait à ses agrandissements coloniaux, la France avait en Amérique, en Afrique et en Asie, de vastes possessions à protéger, et elle eût méconnu son rôle, si elle n'avait lancé des escadres sur toutes les mers. Un ministre éclairé posa les bases de la marine, et l'esprit public, — disons plutôt celui de la cour, — dirigé par la volonté de Louis XIV, se passionna pour l'arme qui semblait devoir être le principal instrument de la politique du grand roi. Comme pour fortifier ce penchant, nos flottes étaient victorieuses, nos corsaires ramenaient au port de riches captures qui ajoutaient aux jouissances de la vanité les promesses de la fortune, et ces récits chevaleresques, en circulant de la cour dans les sociétés, finirent par créer, en ce qui touche aux choses de la mer, une sorte d'esprit public qui suppléa, dans le pays, à l'absence des grands spectacles maritimes. Favorisée exceptionnellement par les mesures de Colbert, la population des côtes s'attacha à sa condition relativement bonne; au mépris du passé, les dignités et les honneurs furent prodigués aux noms obscurs que la victoire venait d'ennoblir; tout concourut, en un mot, à développer, dans la nation entière, un caprice sérieux, sinon un attachement solide, pour la marine.

Qu'on le remarque bien, cependant, ce fut là l'œuvre d'une volonté royale, bien plus que celui de la nécessité ou de l'intérêt national; car, du jour où les passions de Louis XIV s'amortirent sous le coup des années, cet engouement factice s'éteignit.

A quoi tint ce changement? A ce que la masse de la population, vivant de plus en plus étrangère aux intérêts maritimes et aux questions qui s'y rattachaient, ne pouvait être convaincue de la solidité d'une prépondérance qui cherchait à s'appuyer exclusivement sur la flotte; à ce que la France se sentait plus particulièrement appelée à accomplir ses destinées sur le continent européen. Une main ferme et un gouvernement absolu avaient réussi, pour quelques années, à faire dévier ses instincts, et, tandis que la perte successive de nos colonies et des considérations plus positives ramenaient ses préoccupations vers le continent, des intérêts opposés sollicitaient, au contraire, l'Angleterre vers les espaces où elle cherchait à s'agrandir. La révolution de 1793 et la division des propriétés qui en fut la suite, achevèrent de porter un coup terrible aux spéculations d'outre-mer, en détruisant la plupart des grandes fortunes coloniales, et, de proche en proche, la nation devint presque indifférente à ce qui l'avait autrefois captivée.

Il faut bien le reconnaître, en effet, si les populations de nos côtes, celles qui, de père en fils, y ont vécu, n'ont pas cessé de fournir d'excellents marins, le Français, en général, n'accorde plus aux choses de la mer cette sollicitude qui est, en

Angleterre, la conséquence forcée d'une communauté intime entre l'intérieur et le littoral. Les marins anglais proprement dits sont-ils, pour cela, devenus meilleurs qu'au temps où la prépondérance maritime nous appartenait? Nullement; mais à mesure que les besoins de leur pays portaient tous les esprits vers les spéculations lointaines, chaque citoyen y devenait plus ou moins marin du haut en bas de l'échelle sociale, et ce qui n'était dans le principe qu'une nécessité de politique, a fini par être l'affaire de tous.

Nous ne saurions d'ailleurs admettre, comme nous l'avons souvent entendu faire, que le motif du plus ou moins de goût des deux peuples pour la mer tienne à la différence de leurs tempéraments : c'est, selon nous, prendre le résultat pour la cause. Si la France avait tout à coup, comme l'Angleterre, de grands débouchés coloniaux, son esprit national ne tarderait pas à redevenir maritime, en dépit du tempérament national.

Chez les peuples, comme chez les individus, les aptitudes se développent avec les intérêts qu'elles sont appelées à servir.

§ V

De ce que la France n'a plus une puissance coloniale qui suffise, comme autrefois, à rattacher forcément, par des liens solides, une partie notable de la nation aux spéculations d'outre-mer; de ce que ces spéculations se sont réduites notablement; de ce qu'enfin le chiffre de notre inscription maritime diminue, s'ensuit-il, comme beaucoup de personnes le pensent : 1° que la France n'ait pas besoin d'une grande force navale ; 2° et qu'un pareil établissement nous soit impossible?

Ce n'est point à nous à répondre à la première de ces assertions; si tout n'avait pas déjà été dit sur ce sujet, les surprises que nous prépare peut-être la guerre actuelle (1),

____

(1) Guerre entre la Turquie et la Russie (1853).

répondraient, à elles seules, victorieuse-
ment à ces rêveries humiliantes. Quant à
la seconde, elle serait en partie fondée,
si nous étions, comme par le passé, con-
damnés à une marine purement à voiles,
exigeant un nombre considérable de matelots.

On cite, avec raison, l'exemple de la
Russie, dont tous les efforts pour créer
une flotte n'ont guère abouti jusqu'ici qu'à
aligner des citadelles flottantes, armées
de soldats.

Tel n'est pas heureusement notre cas, et
si le chiffre de notre inscription a diminué,
il n'est jamais descendu assez bas pour
nous placer dans une pareille catégorie
d'interdiction, dussions-nous même avoir
encore une flotte purement à voiles. Nous
ne saurions donc, sur ce second point, pas
plus que sur le premier, être d'accord avec
ceux qui crient misère!

Toutefois, hâtons-nous de le dire, nous

croyons fermement que l'ancien mode de guerre maritime, qui consistait à avoir des escadres sur toutes les mers et à engager des actions générales contre l'ennemi sur plusieurs points à la fois, n'a plus sa raison d'être. Quand nous avions à défendre de belles possessions que l'Angleterre cherchait à nous enlever, ces luttes étaient nécessaires ; mais les rôles se sont singulièrement modifiés depuis 60 ans, et le peu de colonies qui nous restent, l'Algérie exceptée, ne mérite guère que, pour le garder, nous exposions au loin des forces navales dont l'utilité sera si grande dans les eaux européennes.

Napoléon Ier avait senti toute l'inopportunité d'un pareil système de guerre comme moyen principal. A ses yeux, le combat d'escadre ne devait être qu'un accident de la véritable lutte à entreprendre, et son génie, devançant les découvertes de la vapeur, créait une immense flottille à rames pour attaquer les Anglais sur leur propre territoire. La marine allait devenir le plus puissant auxiliaire possible de l'armée, qui est la véritable force vive du pays.

C'est là sa mission.

Nul ne saurait nier en effet que, si nous sommes jamais contraints de nous mesurer avec l'Angleterre, c'est à opérer une descente formidable sur ses côtes que nous devrons porter tous nos efforts. Plus que jamais, cette tactique deviendra applicable avec la transformation qui s'opère aujourd'hui et qui tend à rendre les mouvements de nos vaisseaux complètement indépendants des accidents de la mer? Plus que jamais, l'occasion nous sera offerte, si nous en profitons avec intelligence, de rétablir l'équilibre entre nous et nos rivaux, quels qu'ils soient, indépendamment de toute extension de notre système colonial.

Désormais, les longues navigations et

l'usage exclusif de la voile, qui nécessitaient des équipages rompus au métier de la mer, seront, en temps de guerre, les exceptions ; c'est sur nos côtes du Nord et du Midi, ou tout au moins dans leur voisinage, que seront nos champs de bataille et l'égalité pratique, qui aurait pu nous manquer avec l'ancien matériel, se rétablira, sans pouvoir jamais disparaître, parce que l'élément essentiel de cette égalité aura pris une forme qui s'adapte essentiellement à notre génie national.

§ VI

Continuant à raisonner pour le cas d'une lutte avec l'Angleterre, qui nous semble répondre à tout, essayons d'en déduire la marche qu'il conviendrait de suivre dans la transformation de notre matériel naval.

Nous avons admis que l'opération principale de la marine serait le transport et le débarquement d'une puissante armée sur les côtes du Royaume-Uni ; quant aux opérations accessoires, le champ des combinaisons est aussi vaste que celui de la défense anglaise, qui, forcée de s'éparpiller dans toutes les parties du monde, ne pourrait s'opposer à certains coups de main hardiment conduits. La solution de la question se pose, selon nous, dans les termes suivants : 1° Réunion de forces considé-

rables à portée de nos côtes et de nos arsenaux; 2° entretien dans les mers lointaines
de petites divisions capables de se suffire le
plus longtemps possible à elles-mêmes,
sans secours de la mère-patrie, et devant,
au besoin, se réunir, en vue d'une action
plus efficace, sur des points convenus
d'avance.

Examinons successivement ces deux
termes.

La guerre à nos portes serait nécessairement courte. Si le premier engagement,
destiné à rendre la Manche libre, était à
notre avantage, l'armée débarquerait en
Angleterre, on l'augmenterait successivement des renforts nécessaires, et la lutte
se terminerait par un coup de tonnerre;
s'il nous était défavorable, tout manquerait
à la fois, et la guerre, limitée à des actions
isolées, perdrait le caractère offensif qui lui
est indispensable si nous voulons réussir.

C'est donc pour nous un devoir impérieux

que de débuter avec toutes les chances possibles en notre faveur, et toutes les prévisions de la paix doivent viser à ne rien laisser au hasard pour le moment décisif.

Or, en quoi résideront à cette heure suprême les éléments de supériorité d'une flotte? Dans le nombre des instruments de combat, d'abord; dans la puissance de leur artillerie, ensuite; enfin, et surtout, dans leur rapidité. Nous n'avons pas à nous occuper du nombre : les progrès imprimés depuis deux ans à la marine à vapeur sont là pour témoigner qu'on veut y pourvoir; quant à l'artillerie, malgré quelque différence dans l'armement des vaisseaux des deux nations, différence qui touche plus à la forme qu'au fond, nous croyons qu'après le développement promis par la nouvelle organisation de nos bâtiments canonniers, elle n'aura rien à envier à celle des Anglais et lui sera même, peut-être, supérieure à beaucoup d'égards; reste, enfin, la condition de supériorité de marche, qui est capitale.

Nous allons l'examiner.

Dans une transformation qui doit être très-coûteuse pour le pays, qui, avant longtemps, selon toute probabilité, fera place elle-même à d'autres transformations, il importe de tâtonner le moins possible. Voyons, d'après ce qui s'est passé en France depuis quelques années, si les essais tentés ont toujours répondu aux conditions d'économie et de supériorité dont nous avons à poursuivre la réalisation.

Les coques du *Jean-Bart*, de l'*Austerlitz* et du *Charlemagne* avaient été conçues en principe pour servir de vaisseaux à voiles. Quand on voulut leur donner des machines, on modifia leur arrière, on changea leurs installations intérieures et on produisit, en fin de compte, des bâtiments d'une vitesse moyenne de 9 nœuds à 9 nœuds 1/2, prenant deux mois de vivres et deux mois d'eau. C'était un résultat relativement satisfaisant et dont on aurait pu se contenter, si l'Angleterre s'en était tenue à des types analogues, tels que le *Hogue*, *le Sans-Pareil*, etc.

Mais nos voisins avaient trop de sens pratique pour ne pas comprendre qu'ils n'avaient rien obtenu, s'ils ne nous dépassaient pas sur-le-champ; ils allongèrent d'anciens vaisseaux, afin de leur adapter des machines puissantes et de concilier ainsi la vitesse avec l'arrimage d'une plus grande quantité de vivres. Il n'y avait pour eux nul inconvénient à s'engager dans cette voie, parce que les besoins multiples de défense auxquels ils ont à satisfaire, et les facilités de ravitaillement que leur donnent de vastes possessions, les mettent à même d'utiliser presque tous les types possibles de navires transformés ; mais nous ne sommes pas dans le même cas, et plus nous multiplions les variétés de vaisseaux mixtes, moins nous tendons à cette homogénéité de force indispensable dans une réunion de grands bâtiments appelés à agir au voisinage de nos côtes.

Sans s'arrêter à ces considérations, qui semblent cependant sérieuses, quelques officiers conseillèrent et obtinrent d'imiter les Anglais, et bientôt l'*Eylau*, le *Navarin*, le *Fleurus*, etc., s'allongeaient sur nos cales, pour recevoir, avec des machines auxiliaires plus puissantes que celles de leurs aînés, de nouveaux emménagements intérieurs. C'était tenir peu de compte de la mission réservée, selon nous, à la France, en cas de guerre, et montrer surtout peu d'esprit d'ordre et d'économie.

Nos premiers vaisseaux mixtes, en effet, portaient des machines de 450; celles des nouveaux devaient être de 650. Les uns et les autres avaient surtout, en raison de leur destination primitive, des formes capables de résister à l'effort de la grosse mer; on se flattait, par l'allongement de celles des bâtiments voiliers, d'obtenir de grandes vitesses et de loger plus de vivres, tout en conservant de bonnes qualités nautiques. Pourquoi, si nos nouveaux vaisseaux devaient particulièrement être appelés à agir au voisinage de nos côtes, ne pas leur donner d'emblée les formes nouvelles déjà consacrées, qui leur assureraient une grande vitesse? Pourquoi se préoccuper tant des qualités nautiques, puisque leur cercle d'action s'étendrait à peine au-delà d'un rayon de quelque cent milles? Pourquoi tenir à y entasser des vivres, puisque la durée de leurs opérations de l'exigerait pas? S'ils étaient, au contraire, appelés à agir au loin, contre les colonies anglaises, par exemple, comment admettre que ces mêmes vaisseaux conservassent longtemps leurs lignes d'eau et leurs prétendues qualités, quand ils auraient eu consommé tout ou partie de leur grand chargement de combustible? Comment répareraient-ils des avaries dans des machines de 650 chevaux avec leurs seuls moyens? Comment se fourniraient-ils de charbon dans des parages où nous n'aurions pas de dépôts?

N'a-t-on pas à la fois méconnu là les deux termes de la question? Ces navires, nous le craignons, ne réaliseraient, en cas de guerre, ni les avantages de force que la France doit se proposer dans des vaisseaux appelés à supporter le principal effort de la guerre, ni les conditions que l'on doit exiger de ceux envoyés au loin. Sur nos côtes, ils compromettraient l'expédition à laquelle ils coopéreraient avec des vaisseaux à grande vitesse; au loin, ils deviendraient la proie de l'ennemi, faute de moyens de se ravitailler.

Les expériences du vaisseau le *Napoléon* viennent de répandre la lumière sur cette question; celles du *Montebello* ne sont pas moins concluantes.

Le *Napoléon*, avec ses formes spéciales, est au premier chef navire à vapeur, voilier accessoirement. Pourvu d'une forte machine, d'une mâture légère aisée à diminuer, il atteint des vitesses de 13 nœuds et de 13 nœuds 1/2. En temps de guerre, il peut frapper ses coups comme la foudre, dans le rayon restreint de nos arsenaux, qui lui offrent constamment un abri. Il n'a à se préoccuper ni de prendre beaucoup de vivres, ni à craindre de dépenser beaucoup de charbon; s'il fait des avaries, il trouve en quelques heures les moyens de se réparer vite et bien; enfin, s'il faut exécuter un coup de main rapide, il peut, en quelques heures, déplacer 3,000 hommes de 20 à 25 lieues. Qu'à un instrument pareil on adjoigne, pour une opération importante, les *Charlemagne,* les *Jean-Bart*, les *Austerlitz,* voire même les vaisseaux allongés tels que l'*Eylau*, etc., et l'opération sera probablement manquée.

Il ne faut pas l'oublier, d'ailleurs, ce même *Napoléon*, avec la moitié de ses feux, acquiert des vitesses plus grandes que les vaisseaux à moyenne puissance, ce qui lui permet, au besoin, d'étendre son rayon d'action, de prendre un plus grand approvisionnement de vivres et de remplacer complètement le vaisseau à moyenne puissance, sans qu'il soit nécessaire d'en construire un type spécial.

Quant au *Montebello*, vaisseau à trois ponts, à voiles, du type *Sané*, pourvu d'un petit appareil de 120 à 160 chevaux, il atteint des vitesses de 6 nœuds, suffisantes pour le soustraire au calme, pour l'aider dans un louvoyage difficile, pour lui permettre de forcer un port et même, ainsi que l'expérience vient de le prouver, de remorquer un vaisseau (1) en calme, avec 4 nœuds de

____

(1) Le *Montebello* a fait filer 4 nœuds à la *Ville-de-Marseille*, luttant avec le *Britannia*, que remorquait la *Retribution*, il a gagné notablement le *Britannia*.

vitesse. Avec une machine distillatoire dans la cale, il n'a besoin que d'un mois d'eau et conserve, à peu de chose près, malgré sa machine et son charbon, les mêmes capacités qu'avant pour ses vivres de campagne. En temps de guerre, il peut couvrir l'Algérie et pourvoir, avec quelques vaisseaux à grande puissance, à tous nos besoins dans la Méditerranée; expédié au loin, il n'a besoin d'aucun secours étranger pendant six à sept mois, et répare, avec ses seuls moyens, ses avaries de machine, comme l'ont fait tant de nos anciens 160 en Afrique, en Océanie et ailleurs; s'il ne peut se procurer de charbon, quelques stères de bois le tirent d'embarras à un moment donné, et il ne perd pas ses qualités de bon voilier, parce que ses approvisionnements de combustible ne composent qu'une faible partie de son chargement. En temps de paix, enfin, il constitue dans nos escadres une excellente

école d'officiers, de mécaniciens et de matelots.

Nous croyons être dans le vrai en affir-
mant que ces deux types, le *Napoléon* et
le *Montebello*, répondent le mieux jusqu'ici, pour la France, aux besoins principaux d'une guerre maritime.

Est-ce à dire que les vaisseaux à
moyenne puissance actuellement existants
ne pussent être utiles dans quelques éventualités particulières? Telle n'est pas notre
pensée; mais nous persistons à croire que
ce sont des types bâtards, qui ne répon-
dront qu'à un très-petit nombre de besoins
spéciaux, et dont le feu, pour tout dire en
un mot, ne vaut pas la chandelle. Avec
l'argent dépensé déjà sur les sept ou huit
bâtiments de cette espèce, on aurait produit
deux vaisseaux à grande vitesse et pourvu
deux anciens vaisseaux de petites machines,
et la marine y aurait certainement gagné.

Construisons donc, avant tout, désormais des coques spéciales ; donnons-leur de fortes machines bien réglées, avec des voilures accessoires, et, quand le moment de l'action sera venu, nous aurons un matériel à vapeur réellement formidable, parce qu'avec lui, nous pourrons à volonté accepter ou refuser le combat. Utilisons tel quel l'ancien matériel, sans modifier ni ses formes ni ses lignes d'eau ; tâchons de lui conserver ses qualités nautiques, et, pour cela, donnons-lui de petites machines auxiliaires, à la place d'un grand approvisionnement d'eau.

En suivant cette voie, nous ne ferons pas de dépenses inutiles, et nous n'altèrerons pas ce qui a été de tout temps reconnu bon : deux conditions dont on ne semble pas s'être assez préoccupé dans les essais mixtes.

§ VII

Une question importante, non encore résolue, est celle de l'opportunité des puits dans les navires à hélice. — Après avoir essayé d'établir les types principaux qui semblent le mieux répondre aux besoins de la marine française, nous essaierons, en quelques lignes, de donner une opinion à ce sujet, en nous fondant plus encore sur notre jugement d'homme de mer, que sur des expériences qui font jusqu'ici défaut.

En thèse générale, le puits ne peut qu'être d'un grand avantage à bord de tout bâtiment à hélice muni d'un appareil à voiles, que l'appareil soit normal ou auxiliaire. Cet avantage serait immense assurément, s'il s'obtenait sans inconvénient pour la solidité de l'arrière, si l'hélice se remontait très-vite dans son puits, et si, une fois remontée, elle pouvait se transporter aisément au centre du navire pour soulager l'arrière. Le jour où ces conditions se réaliseraient, il ne faudrait pas hésiter à donner un puits à tous les bâtiments ; mais plusieurs d'entr'elles se proscrivent mutuellement, et la solution du problème nous paraît se trouver dans l'examen des conditions spéciales imposées à chaque type.

L'ancien vaisseau, appelé à de longues navigations, dans lesquelles l'usage de l'hélice ne sera pas fréquent, devra, pour ne rien perdre de ses avantages à la voile, n'être pas obligé de traîner un appendice embarrassant dans les petites brises, plus ou moins fatiguant pour l'arrière dans le mauvais temps, et que la moindre rencontre de corps flottant dans le cours de la navigation peut briser ou fausser. Un puits lui est nécessaire ; mais, en raison du petit rayon de son hélice, la modification de son arcasse sera peu dispendieuse et la solidité de l'arrière n'en souffrira pas.

Les vaisseaux à grande vitesse, construits sur des formes spéciales et destinés à marcher surtout à la vapeur, n'emploieront généralement la voile que comme auxiliaire de la machine et, dans les cas assez rares où ils l'emploieront seule, ils seront toujours prêts à chauffer. Ces conditions, jointes à la facilité d'entrer dans des bassins, qui seront toujours à leur portée, puisqu'ils s'éloigneront peu de nos côtes, les dispensent d'avoir des puits.

Nous n'étendrons pas plus loin ces considérations. Celles qui précèdent suffisent à indiquer comment nous comprenons l'adoption du puits.

Ce serait peut-être, ici, le lieu d'examiner

dans quelles proportions les deux types de vaisseaux que nous proposons devraient composer notre flotte ; mais nous craindrions, en le faisant, de trop présumer la solution d'une question à l'étude. Notre marine reçoit, en ce moment, une impulsion qui lui promet une vie nouvelle ; la vapeur a brisé les entraves qui pouvaient s'opposer à son développement ; mais si ce développement est devenu une simple question d'argent, il faudra encore bien des essais sans doute avant qu'on arrive à poser les meilleures bases numériques du nouveau matériel. Il est évident, toutefois, que notre principale action devant s'exercer dans les mers d'Europe, le type qui demandera le plus de représentants est celui du vaisseau à grande puissance ; quant à l'autre type, ce que nous possédons de coques dans les arsenaux suffira, et au-delà, comme nous l'avons déjà indiqué, à le tenir sur un pied respectable, jusqu'au temps où, l'application de l'hélice ne présentant plus aucune difficulté et l'ancien matériel devenant vieux, il sera nécessaire d'aborder des constructions nouvelles.

§ VIII

Nous terminerons ces considérations, en exposant nos idées touchant la construction ou la transformation des bâtiments d'ordre inférieur, dont la mission serait à peine moins importante que celle des vaisseaux, en cas de guerre, puisqu'ils auraient, d'une part à ruiner le commerce ennemi, de l'autre à transporter les troupes de débarquement nécessaires à l'exécution de notre système de guerre.

La frégate qui, en raison de sa légèreté et de ses heureuses dimensions, est à la fois propre aux opérations rapides et aux longues croisières, continuerait à tenir avantageusement sa place, aussi bien dans les escadres locales que dans les divisions lointaines. Dans les escadres locales, presque uniquement composées de vaisseaux rapides, elle serait, à l'imitation de ces derniers, de formes spéciales et de grande vitesse ; dans les divisions lointaines, où, faute de moyens de ravitaillement et de réparation, elle aurait souvent à ne compter que sur elle-même et sur ses prises, elle serait choisie parmi les bâtiments du type *Sané*, auxquels on remplacerait leur énorme approvisionnement d'eau par une machine de petite dimension.

Les meilleures corvettes seraient, de la même manière, utilisées dans la composition des stations extérieures; mais nous pensons qu'il faudrait, dans les mers qui baignent nos côtes, remplacer cette espèce de bâtiments, qui n'y aurait guère d'emploi utile, à cause de sa faiblesse d'armement et d'échantillon, par des canonnières à fonds plats, pouvant s'échouer sans inconvénient et approcher des côtes dans toutes les conditions de marée; elles seraient solidement construites, de bonne vitesse et armées d'un petit nombre de pièces de gros calibre, capables d'engager le feu contre une batterie de côte.

Cette espèce de bâtiments serait d'autant plus indispensable, dans le cas d'une guerre avec l'Angleterre, que seuls, sur beaucoup de points, ils pourraient approcher le rivage ennemi d'assez près pour protéger un débarquement, et qu'ils seraient, en raison de leur grande mobilité, utilement employés à la défense de nos propres côtes.

En ce qui touche les avisos, leur vitesse est leur seule force, et, contrairement aux idées reçues, nous croyons qu'au lieu d'être employés dans les stations étrangères, où le combustible leur manquerait souvent et où ils deviendraient aisément, par suite, la proie d'un ennemi, même faible, ils devraient particulièrement, sauf quelques exceptions indiquées par la proximité de nos colonies, être maintenus au voisinage de nos ports. Cette condition favorable permettrait de leur donner et d'attendre d'eux, comme éclaireurs, des services importants.

Arrivons enfin au transport à vapeur, celui sur lequel reposerait, en grande partie, le succès de l'opération la plus sérieuse de la guerre. Si l'on veut débarquer une armée en Angleterre, il faut être maître de la Manche, et, pour cela, s'y trouver, à un moment donné, avec une flotte supérieure à celle de l'ennemi. Cette flotte, composée exclusivement, comme nous l'avons dit, de navires à grande vitesse, destinés à combattre, doit être manœuvrante avant tout, et ne peut recevoir, en dehors des équipages, que quelques détachements d'élite, pour servir de mousqueterie dans un engagement ou d'avant-garde au débarquement. Mais, pour transporter le gros de l'armée, il faut, au contraire, des bâtiments spacieux et de vitesse moyenne, pouvant porter beaucoup d'approvisionnements et d'hommes. Les anciens navires à roues seraient avantageusement utilisés, mais le meilleur type serait assurément le vaisseau mixte à petite puissance, qui, à de grandes capacités, joindrait l'avantage d'être tout créé dans le matériel que nous avons proposé, et auquel sa taille permettrait de porter des chalands de débarquement.

Inutile de pousser plus loin ces aperçus ou de décrire les instruments accessoires dont la flotte de transport devrait être pourvue. Ces détails ne sont pas de notre sujet.

Quel que soit le mode de transformation adopté, qu'il nous soit permis d'exprimer, en terminant, le vœu qu'on arrive le plus tôt possible à régler sûrement l'usage des machines puissantes appliquées à l'hélice. Nous avons journellement sous les yeux des exemples qui prouvent que nous sommes loin encore de bien posséder ces grands instruments. Cela tient peut-être à ce que nous n'en avons jusqu'ici fait qu'un petit nombre d'applications; peut-être aussi à ce que, pressés de produire, nous ne les soumettons pas à des expériences de recette suffisamment prolongées avant de les livrer à un usage définitif.

§ IX

Nous avons cherché, dans cette note, à mettre en évidence les progrès que l'apparition de l'hélice a réalisés dans l'art de la navigation ; nous nous sommes particulièrement attaché à faire ressortir les grands avantages que la France peut tirer de ce nouveau propulseur pour augmenter la puissance de sa marine militaire ; enfin, nous avons incidemment exposé le système de guerre qui nous paraît devoir le mieux répondre désormais à nos aptitudes et à nos besoins, et nous en avons déduit les types puissants de bâtiments susceptibles de s'adapter à ce système, en tâchant de montrer que ces types étaient ceux qui répondaient le mieux et le plus économiquement aux besoins principaux de notre service naval.

Nous n'avons pas l'espoir d'avoir posé des bases irréfutables. Dans une question aussi importante, le champ des observations n'est pas moins vaste pour le marin que pour l'homme de science; c'est comme marin que nous l'avons exploré et que nous présentons cette étude. Nous serons heureux si, au milieu de considérations peut-être hardies, nous en avons émis quelques-unes dignes de fixer l'attention de nos collègues et de provoquer des observations plus complètes que les nôtres.

C. P. — 1853.

DEUXIÈME PARTIE

ÉTUDE

SUR

LA SITUATION DE LA MARINE ANGLAISE

AU DÉBUT

DE LA CRÉATION DU MATÉRIEL CUIRASSÉ

(1863)

AVANT-PROPOS

Cette étude, vieille de 15 ans, n'a d'autre intérêt aujourd'hui que de mettre en relief la marche suivie par les Anglais, parallèlement à nous, dans l'œuvre de transformation de leur flotte. Plusieurs des idées qui avaient cours à cette époque, en matière de constructions et d'artillerie, sont aujourd'hui sans valeur; mais il ne sera pas sans intérêt, pour les gens du métier, de voir par quelle série de tâtonnements la marine voisine a passé pour arriver à son état actuel.

C. P.

ÉTUDE

SUR

La Situation de la Marine Anglaise

AU DÉBUT

DE LA CRÉATION DU MATÉRIEL CUIRASSÉ

(1863)

CONSIDÉRATIONS GÉNÉRALES

Aucune période de la vie maritime des peuples ne fut marquée par des progrès comparables à ceux de notre siècle. Pour ne citer que les principaux, nous voyons la vapeur, limitée d'abord à quelques besoins spéciaux de la navigation, aujourd'hui étendue à toutes les exigences du commerce et de la guerre; le fer substitué sur une grande échelle au bois dans les

constructions navales; des formes complètement nouvelles et des dimensions réputées
jusqu'alors impossibles, adoptées par toutes les nations; enfin, les agents de destruction rendus formidables et les moyens
de défense portés à un haut degré de per-
fection par l'adoption des cuirasses.

Certes, quand on rapproche le modèle
d'un bâtiment blindé à éperon, du *Magenta*,
par exemple, du modèle d'un vaisseau d'il
y a cent ans, on n'est pas moins frappé de
la distance qui les sépare que ne devaient
l'être nos pères de la distance qui séparait
ce même vaisseau de la galère du moyen-
âge; et, chose étrange! dans ce rappro-
chement chronologique, ce sont les extrêmes
qui paraissent se ressembler le plus : la
galère et le bâtiment cuirassé, tous deux
protégés par des moyens artificiels, tous
deux armés d'un éperon et conçus pour la
lutte corps à corps.

Il y a là quelque chose de piquant; mais

ce qui surprend plus encore, peut-être, quand on poursuit ce parallèle, c'est le contraste qui existe entre les développements respectifs des instruments de guerre sur mer et à terre. Ainsi, tandis que la mobilité semble être devenue pour le soldat une condition si essentielle de force, que, malgré la puissance croissante des armes à feu, on ne songe pas un instant à lui rendre l'armure qui l'affublait autrefois; tandis qu'on s'ingénie chaque jour à faire son équipement plus léger, le navire, lui, s'enveloppe au contraire d'un lourd bouclier.

L'esprit humain ferait-il ici fausse route, comme affectent de le croire quelques individualités d'un dévouement plus tenace que raisonné aux traditions du passé? Nous ne le pensons pas! La rapidité des mouvements est incontestablement une des premières conditions de succès à la guerre, et rien ne doit être négligé pour l'obtenir;

mais si, sans rien perdre de son agilité, le soldat était assez robuste pour porter, outre ses armes offensives, une bonne cuirasse, ne vaudrait-il pas mieux la lui donner ? La réponse n'est pas douteuse. Or, ce qui est impossible au soldat, parce que ses forces ont une limite, le navire l'accomplit. Après de longues recherches, la science est parvenue à combiner en lui la promptitude et la vigueur de l'attaque, et la sécurité de la défense ; elle a créé le navire blindé, qui répond à un des besoins les plus impérieux de la guerre : infliger à son ennemi des coups dangereux en souffrant le moins possible des siens.

Mais, dit-on naturellement, les deux champions auront les mêmes armes, et les mêmes inégalités qu'autrefois subsisteront entr'eux. Pourquoi, dès-lors, se lancer dans une voie semée de sacrifices énormes ? Pourquoi ne pas se contenter de l'ancien matériel ?

Par la même raison, répondrons-nous, qui, malgré le vent, a fait appliquer la vapeur dès que la chose est devenue possible; qui a modifié les formes des navires, quand l'expérience en a eu consacré de nouvelles; qui a changé l'artillerie, etc. Parce qu'en un mot c'est un besoin de l'homme que de poursuivre le progrès dans des époques comme la nôtre, et que les peuples qui méconnaissent cette loi se condamnent à l'infériorité.

La France a le droit de se rappeler, avec un légitime orgueil, la part qu'elle a, depuis la paix, prise au grand mouvement maritime du monde. Elle ne fut pas, il est vrai, la première à appliquer la vapeur à la navigation; mais on lui dut le pas le plus considérable qu'ait fait cette application : l'emploi de l'hélice, qui permettait de combiner la voile et la vapeur, sans qu'elles se nuisissent réciproquement. Elle construisit successivement le premier vaisseau de guerre mixte, le *Charlemagne;* puis, bientôt après, le premier vaisseau de guerre à vapeur, le *Napoléon,* resté jusqu'ici un des types les plus accomplis de l'architecture navale, sous tous les rapports.

Ce fut le gouvernement de l'Empereur, guidé par l'ingénieur habile placé à la tête du matériel, au ministère de la marine, qui eut l'idée de batteries cuirassées pour agir contre les forts, réputés invulnérables, de la mer Noire; enfin, nos constructeurs créèrent la *Gloire,* qui, aux perfections déjà obtenues par ses aînés, ajoutait l'invulnérabilité.

Comment, avec une marine numériquement inférieure; avec une population moins portée vers les choses de la mer; avec des intérêts en apparence moins sérieux aux progrès de l'art naval; comment la France a-t-elle presque contamment devancé l'Angleterre, depuis la paix? On n'a, ce nous semble, jamais assez approfondi cette question.

Attribuer exclusivement, comme on y est souvent porté, un pareil résultat à notre supériorité d'invention, c'est aller trop loin et faire preuve de patriotisme exalté, plus peut-être que d'impartialité. Nous excellons, à n'en pas douter, dans les combinaisons qui reposent sur la science et la méthode, et nous arrivons quelquefois d'emblée aux perfectionnements que les Anglais atteignent après de longs tâtonnements; mais ils ont, en revanche, un grand sens pratique et une persévérance infatigable, et toutes les fois qu'un grand intérêt, industriel ou national, est en jeu, rien ne leur coûte pour le satisfaire. On pourrait peut-être, sur ce point, trancher la comparaison, en disant que les Français aiment toutes les recherches — qu'elles soient spéculatives ou positives — tandis que les Anglais ont besoin de voir le but

direct d'une entreprise pour s'y lancer tout
entiers.

Or, il faut bien le dire, ces progrès que
nous sommes justement fiers d'avoir réalisés les premiers, l'Angleterre n'avait aucune
raison pour en prendre l'initiative. Victo-
rieuse et redoutée à la paix, elle n'avait
qu'à guérir les plaies de son commerce et
à consolider son crédit; la France, au
contraire, vaincue et humiliée, devait mé-
diter les graves leçons du passé et recons-
truire patiemment le double édifice de sa
puissance militaire et industrielle.

De quoi eût-il servi, en 1815, à l'Angleterre de poursuivre laborieusement des
inventions de guerre? N'était-elle pas suffisamment forte pour faire face à tous les
besoins probables de son influence politique? Pour bombarder Alger, pour tenir
à Navarin une place digne d'elle, pour se
faire, en un mot, respecter partout? Perfec-
tionner les arts militaires eût été sans

doute très-honorable; mais c'était sans utilité directe, c'était courtiser de gaîté de
cœur des sacrifices onéreux; elle aimait
mieux construire des chemins de fer.
A ceux-là de créer, qui ne se sentaient pas
suffisamment forts : c'était leur droit, leur
devoir! Le devoir de l'Angleterre était de
ne pas se laisser distancer sérieusement et
d'attendre qu'un progrès fût décisif avant
de l'adopter. De là ses lenteurs à appliquer
l'hélice aux bâtiments de guerre, alors que
nous avions déjà brillamment résolu le
problème; ses hésitations à accepter le
canon rayé et une foule d'inventions que
nous avaient empruntées d'autres marines;
sa répugnance, en un mot, à modifier à
notre suite un matériel auquel elle devait
sa gloire.

C'est ainsi que, durant quarante ans, nos
voisins se contentèrent de suivre pas à pas
chaque amélioration de l'art naval et de
l'art militaire, et de s'assimiler en temps

utile chaque conquête de la pratique ou de la science, sacrifiant volontiers la vanité de devancer leurs rivaux au besoin de ne pas se lancer dans les aventures, et confiants dans leur patriotisme pour se rattrapper si le besoin s'en faisait sentir.

Le jour devait se lever cependant où, après de nombreuses alertes, l'Angleterre sortirait de cette apparente torpeur, de ce sommeil de lion. La campagne de Crimée, en mêlant ses flottes aux nôtres, lui fit toucher du doigt ce qu'elle avait seulement entrevu en 1840, dans notre flotte de Syrie, à savoir : Une marine française fortement reconstituée dans son matériel et dans son personnel, jalouse de son vieux blason, et qui, ce jour-là, alliée puissante, traitant avec la sienne sur le pied d'égalité que confère le sentiment d'une valeur évidente, pouvait le lendemain devenir une redoutable ennemie.

De cette époque, l'attitude des marins

anglais vis-à-vis des nôtres subit une évolution complète. A une indifférence naturelle ou feinte pour nos progrès, succéda chez eux une secrète préoccupation, et bientôt du mécontentement. Ennuyé d'être troublé dans sa quiétude, le gouvernement britannique prit prétexte de tout pour nous signaler à l'Europe comme des turbulents, et peut-être n'eût-il pas été fâché, à certain moment, de trouver compagnie pour essayer de nous affaiblir de nouveau. Ces menées échouèrent, et il eut le mérite de faire contre fortune bon cœur. Prenant son parti d'avoir à ses portes une rivale incessamment en recherche de progrès, l'Angleterre comprit de ce jour que le seul moyen de recouvrer son calme était de faire comme elle.

Et voilà comment, amenée graduellement, mais d'une manière définitive, au sentiment de la réalité, elle a organisé ses volontaires, reconstitué le personnel de sa flotte sur des bases magnifiques, résolu ses fortifications, et, enfin, marché à pas de géant dans la voie de tous les progrès militaires.

Nos voisins avaient dormi sur leurs lauriers près d'un demi-siècle, et, malgré l'irrégularité de quelques-uns des moyens qu'il a employés pour arriver à son but, lord Palmerston a assurément bien mérité de son pays en le réveillant.

L'Angleterre n'a sur mer, en perspective, qu'un seul ennemi à redouter : la France! Mais la France est forte et elle le sait; la France a reconquis la place que d'autres gouvernements avaient consenti à lui laisser perdre, et, pour la garder, elle ne reculerait devant personne.

FLOTTE CUIRASSÉE

I

FLOTTE CUIRASSÉE

—

Depuis quelques années, on ne voit partout, en Angleterre, dans les deux départements de la guerre et de la marine, qu'inventions et expériences ; à l'engourdissement a succédé une activité souvent mal réglée, quelquefois la fièvre.

C'est le tableau de cette période intéressante que nous voulons tâcher d'esquisser dans ses traits essentiels, en n'abordant les détails techniques que dans la mesure strictement nécessaire pour donner une idée des nuances qui distinguent les marines des deux pays.

La *Gloire* et la *Normandie*, nos deux

premières frégates cuirassées, mises en chantier en 1858, étaient presque terminées avant que le ministère Derby parût se douter de leur existence. Pour lui, sans doute, — et, disons-le, pour bien des marins, — ces bâtiments étaient une coûteuse folie, qui, en échange de quelques avantages, donnerait lieu à de graves mécomptes, et qu'il fallait n'imiter qu'à la dernière extrémité. Plus impatiente cependant que le gouvernement, l'opinion demandait des essais, et l'amirauté britannique, par acquit de conscience plus que par conviction d'utilité, commanda, en 1859, à l'industrie son premier bâtiment cuirassé, le *Warrior*. Bientôt survint un changement de cabinet, et un des premiers actes de lord Palmerston fut de répondre à nos préparatifs (1) par la commande aux prin-

---

(1) Nous avions dès-lors, à l'eau ou en chantier, six bâtiments blindés : la *Gloire*, la *Normandie*, l'*Invincible*, la *Couronne*, le *Magenta* et le *Solférino*.

cipales usines du Royaume-Uni de cinq
frégates : le *Black-Prince,* de même grandeur que le *Warrior,* le *Defence,* le *Resis-
tance,* l'*Hector* et le *Valiant,* de grandeur
moindre.

Inutile d'entrer dans de longues expli-
cations sur la nature de ces constructions ;
il nous suffira de dire qu'au rebours des
nôtres, dont les membrures sont de bois
et les dimensions modérées, qui sont cuirassées sans interruption d'un bout à
l'autre et ont une mâture aisée à démonter, les constructions anglaises sont en fer
et de dimensions plus grandes ; ont, dans
un but de légèreté, les extrémités dégarnies
d'armure, et, par conséquent, vulnérables,
et portent une mâture régulière. Ces quelques détails indiquent dans quel esprit
chacun des deux pays abordait la transformation de sa flotte : En France, on
cherchait avant tout à créer un navire
invulnérable, pouvant se présenter au

combat sans appendices inutiles et possé-
dant les qualités qui distinguaient les meilleurs types déjà expérimentés ; sa longueur
était d'environ quatre fois sa largeur. En
Angleterre, on semblait particulièrement
préoccupé de rattraper le chemin perdu,
en construisant d'emblée des bâtiments plus
grands que les nôtres, et, par un dernier
faible pour le passé, on voulait que ces
bâtiments joignissent aux avantages de la
vapeur ceux de la voile, pour pouvoir entreprendre toutes les navigations. D'un côté,
en un mot, on prenait résolument son parti
d'une rénovation complète ; de l'autre, on
n'acceptait encore qu'un compromis.

Le *Warrior* avait été lancé depuis quelques mois, et déjà la *Gloire* commençait ses
expériences, quand, dans les premiers mois
de 1861, l'amiral Elliot, qui venait de
visiter les arsenaux français, fit annoncer à
la Chambre des communes, par un de ses
amis, que nous avions mis en chantier dix

nouvelles frégates blindées. Lord Palmerston n'était pas homme à négliger une semblable occasion; il demanda un crédit de 6,250,000 livres sterling, et bientôt la construction de neuf nouveaux bâtiments fut résolue : quatre à base de fer, comme les précédents, mais d'une dimension plus grande encore que le *Warrior*, et cuirassés partout : l'*Achille*, le *Minotaur*, le *Northumberland* et l'*Agincourt;* cinq à base de bois, le *Royal-Oak*, le *Prince-Consort*, le *Royal-Alfred*, l'*Ocean* et le *Caledonia.* Ces cinq derniers, faits avec des vaisseaux à deux ponts qu'on raserait d'une batterie et qu'on allongerait de 6 mètres, devaient correspondre à la *Gloire,* dont ils avaient, à fort peu de chose près, les dimensions.

Vers la fin de 1861, l'amirauté britannique comptait quinze frégates blindées, à l'eau ou en chantier, dont cinq en bois et dix en fer; une seule de ces frégates, le *Warrior,* pouvait prendre la mer. Nous avions, au même moment, seize bâtiments, dont quatorze en bois et deux en fer, et, sur ce nombre, quatre étaient armés. Notre avance était, on le voit, considérable.

Notons, en passant, que les constructions françaises s'exécutaient toutes, sans exception, dans les arsenaux de l'Etat, tandis que, sauf les vaisseaux transformés et l'*Achille*, les constructions anglaises étaient confiées à l'industrie.

Jusque là, cependant, le seul objet, des deux parts, avait été la création d'une flotte de grands navires cuirassés, du corps de bataille, on peut dire; l'idée de donner une armure aux bâtiments de moyenne dimension, ceux qui forment les stations lointaines, n'était venue ni à l'une ni à l'autre, ou du moins était restée sans application. Sur ce terrain, l'Angleterre nous devança. Dès les premiers jours de 1862, l'amirauté prescrivit la mise en chantier, à Deptford, d'un navire de 1,200 tonneaux et de 4 canons, l'*Enterprize,* sur les plans du sieur Reed, ingénieur civil (1). Quelques mois plus tard, le *Favourite,* de 8 canons, le *Research,* de 4 canons, et, vers la fin de l'année, le *Zealous,* de 16, furent commandés aux arsenaux de Deptford et de Pembroke.

Le système du sieur Reed est aisé à comprendre : sur une coque ordinaire en bois, préalablement consolidée, on applique, dans toute la longueur, une cuirasse de 11 centimètre 1/2 d'épaisseur, qui commence à un mètre au-dessous de la flottaison et monte jusqu'à la hauteur du premier pont seulement (2). Au-dessus de ce pont, on ménage, dans le milieu de la longueur du navire, un espace égal à environ le tiers de cette longueur, pour

---

(1) Depuis constructeur en chef.

(2) Le pont le plus près et au-dessus de la flottaison.

servir de batterie, et on le recouvre également de plaques de 11 centimètres 1/2.

Qu'on se figure un pareil instrument à l'heure du combat! Il entre en lice sous vapeur; les mécaniciens sont en bas et les combattants dans la batterie centrale; les uns et les autres se trouvent à l'abri du boulet. Quant aux extrémités, laissées sans cuirasse dans un but de légèreté, comme personne ne s'y tient, il importe peu qu'elles soient traversées à jour par les projectiles.

Dans ce système, l'artillerie étant réduite de plus de moitié, le nombre d'hommes, et, par suite, les vivres, le vin et les approvisionnements, sont réduits en proportion, ce qui permet, sans surcharger le navire, de lui donner une armure. On comprend dès-lors assez aisément comment, avec certaines combinaisons accessoires, un bâtiment de l'ancien matériel, qui a fait ses preuves sous voiles et sous vapeur, peut être protégé sans que ses lignes d'eau soient sensiblement changées, et rester ainsi propre à la longue navigation.

Or, le navire blindé moyen, capable de tenir la haute mer en croiseur, est plus nécessaire encore peut-être à la France qu'à l'Angleterre; et nous faisons des vœux pour que le département de la marine soit prochainement mis en mesure d'exécuter les plans qu'il a préparés depuis longtemps.

Il est, au reste, nécessaire d'ajouter que l'idée du sieur Reed est empruntée au mode de construction du *Magenta* et du *Solférino*, nos deux vaisseaux blindés. Les Anglais ne font, eux-mêmes, aucune difficulté d'en convenir.

Ce fut également dans le commencement de 1862 que, pour répondre à la pression des journaux, et sans doute aussi pour se rendre compte du degré de confiance que méritait le système américain à coupoles, l'amirauté britannique prescrivit d'appliquer ce système à deux bâtiments : le *Royal-Sovereign*, ancien vaisseau à trois ponts rasé *ad hoc*, et le *Prince-Albert*, navire en fer. Voici en quoi il consiste :

Sur une plate-forme circulaire, semblable à celles qu'on emploie dans les gares pour changer les wagons de voie, et établie au milieu du pont du navire, on bâtit un cylindre en bois, percé d'un ou de deux sabords et cuirassé en fer. Cette plate-forme traversée par un axe vertical est mise en mouvement au moyen de roues dentées et d'une manivelle, de manière à présenter les pièces dans la direction qu'on veut. Le but qu'on se propose par cette installation est de pouvoir pointer l'artillerie dans tous les sens, sans forcer le bâtiment à changer de route.

Malgré l'engouement fiévreux dont se sont épris les Américains pour ce genre de bâtiments, les marins anglais doutent qu'il puisse jamais être utilisé à autre chose qu'à la défense mobile des côtes.

En récapitulant, et comme on le verra en détail par le tableau A ci-après, la flotte blindée anglaise se compose donc aujourd'hui de 28 bâtiments, dont 15 frégates de modèles différents, 4 bâtiments légers, 2 bâtiments à coupoles et 7 batteries flottantes construites sur les modèles français, en 1855. Sur ce nombre on compte :

5 frégates armées ⎫
2 batteries armées ⎬ 7 armés.

5 frégates en armement.

5 batteries désarmées (ancien modèle).

11 bâtiments de divers modèles, qui seront lancés cette année ou au commencement de 1864.
___
28

NOMS DES BATIMENTS	NATURE de la CONSTRUCTION	Dimensions en pieds anglais.	Force en chevaux.	Armement en canons.	SITUATION
Warrior.........	en fer.	380	1250	40	armé
Black-Prince.....	id.	id.	id.	id.	id.
Achille..........	id.	id.	id.	30	lancé prochainement.
Agincourt.	id.	400	1350	37	seront lancés en 1864.
Northumberland.	id.	id.	id.	id.	
Minotaur........	id.	id.	id.	id.	
Defence..........	id.	280	600	16	armé.
Resistance........	id.	id.	id.	id.	id.
Hector...........	id.	id.	800	32	en armement
Valiant..........	id.	id.	id.	id.	id.
Royal-Oak.......	en bois.	273	800	35	armé.
Caledonia........	id.		1000	id.	en armement.
Royal-Alfred.....	id.	id.	800	id.	prêt à lancer.
Ocean...........	id.	id.	1000	id.	en armement.
Prince-Consort...	id.	id.	id	id.	id.
Zealous.........	en bois, système Reed.	252	800	16	seront lancés tous avant le printemps.
Favourite........	id.	225	400	8	
Enterprize......	id.	180	160	4	
Research.........	id.	195	200	4	
Royal-Sovereign..	en bois, à coupoles.	240	800	5	lancé prochainement.
Prince-Albert....	en fer, à coupoles.	240	500	5	lancé en 1864
Erebus-Terror.... Etna-Thunderbolt	vieille batterie flottante en fer.	186	200	16	2 armés et 5 désarmés.
Glatton-Trusty... Thunder.........	id.	172	150	14	

La flotte blindée française, de son côté, se compose de 32 bâtiments, dont 8 sont armés; elle se répartit comme suit :

2 vaisseaux de bois, armés
3 frégates de bois, armées
1 frégate de fer, armée
2 batteries, nouv. modèle, armées
} 8 armés

9 frégates de bois, à divers degrés d'avancement.
1 frégate de fer, en construction.
9 batteries nouveau modèle.
5 batteries, ancien modèle, désarmées.

————

32

Nous ne comptons pas plusieurs petites canonnières en fer, qui peuvent se démonter et se transporter pour agir dans des eaux intérieures. Le bilan, comme nombre, est, on le voit, jusqu'ici en notre faveur; seulement il ne faut pas perdre de vue que, sur les 28 bâtiments anglais, 19, au moins, pourront entreprendre toutes les navigations, tandis que nos 16 vaisseaux et frégates seulement remplissent cette condition.

Quant à la puissance relative du nouveau matériel dans les deux pays, il y aurait lieu, pour chaque type existant, d'étudier à fond ses qualités aux principaux points de vue de la navigation et du combat. Ce travail nous mènerait trop loin : nous nous bornerons à en résumer les conclusions principales.

Dans les mauvais temps, nos frégates blindées ont, à peu près, les mêmes défauts que les frégates anglaises : grands roulis, impossibilité d'user de l'artillerie. Toutefois l'avantage reste aux Anglais, dont les canons sont de 50 à 60 centimètres plus élevés que les nôtres.

La moyenne générale *maxima* de nos vitesses est de 12 milles 7 à 12^m,8; la moyenne correspondante des vitesses anglaises est de 13 milles 2 (1). Notre infériorité, toutefois, est plus apparente que réelle : nous ne comptons, sur notre effectif total, que deux bâtiments en fer, et susceptibles, par conséquent, de perdre leur marche par les adhérences marines ; les Anglais, au contraire, en comptent dix. Sous le rapport de la marche, on peut donc dire qu'il y a sensiblement égalité.

Nos frégates évoluent notablement mieux que les frégates anglaises, qui, sous une largeur égale, ont une longueur beaucoup plus grande. Les seuls navires de l'amirauté qui fassent exception à cette règle, sont les cinq vaisseaux de bois transformés, dont on s'est appliqué à rendre les dimensions principales presque identiques

---

(1) *Warrior*.................... 14^m, 354 ⎫
    Black-Prince................ 13 500 ⎪ moyenne
    Resistance................. 11 731 ⎬ 13^m,217.
    Hector.................... 14 000 ⎪
    Royal-Oak................. 12 500 ⎭

à celles de la *Gloire*, et qui tournent avec une facilité extrême.

En ce qui touche la valeur des artilleries, il serait difficile de se prononcer catégoriquement pour l'une ou pour l'autre. Des deux parts, on en est toujours aux essais; le canon Armstrong, pas plus que notre canon rayé, n'est un instrument efficace contre les cuirasses, et il se passera encore longtemps, sans doute, avant qu'on en arrive à un type complètement satisfaisant pour l'armement général des navires blindés. Toutefois, la balance est sensiblement en notre faveur, puisque, sans beaucoup de dépenses, nous avons obtenu, avec notre ancienne artillerie transformée, tous les résultats que les Anglais ont payés d'énormes sacrifices.

Sous le rapport de la résistance à la destruction, — abstraction faite du mode de construction en bois ou en fer, et de la supériorité de nos plaques, — nous avons assurément l'avantage. La majorité de nos bâtiments est protégée partout, tandis que la majorité des bâtiments anglais, malgré des combinaisons plus ingénieuses que pratiques, est vulnérable des extrémités.

En somme, on le voit, si la balance penche d'un côté, c'est du nôtre plutôt que de celui des Anglais; mais notre véritable, notre incontestable supériorité sur eux, est d'avoir du premier coup, sans hésitation, adopté le bois comme base du nouveau matériel, et d'être restés, depuis le commencement du mouvement de transformation, fidèles aux dimensions moyennes, les seules qui paraissent pratiques.

Et, à ce sujet, il ne sera pas hors de propos de montrer par quelle série d'évolutions a passé l'opinion publique en Angleterre, avant d'en venir à partager sur ce point notre manière de voir. L'an passé encore, les coques en fer étaient regardées par les Anglais comme ce qu'on pouvait imaginer de meilleur pour les bâtiments blindés. Les chefs d'usine avaient toutes les raisons possibles pour propager une semblable doctrine, et l'amirauté, bien qu'elle disposât de nombreux approvisionnements de bois, s'était laissé complètement dominer par la presse, qui n'était, elle, que l'écho des industriels. Vainement les navires déjà faits se salissaient-ils en peu de mois et perdaient-ils leurs qualités de marche; on espérait trouver une composition qui les préserverait. Vainement objectait-on que des coques divisées en nombreux compartiments intérieurs seraient d'une aération difficile et d'une circulation incommode; on prétendait y remédier par des moyens accessoires de ventilation et par des panneaux plus multipliés. Le fer, d'ailleurs, présentait des gages tels de durée, que tous les inconvénients possibles étaient oubliés, et le secrétaire de l'amirauté, lord Clarence Paget, ne manquait aucune occasion de proclamer à la tribune des Communes l'éclatante supériorité des navires anglais sur les nôtres.

Cette confiance du gouvernement n'alla pas cependant jusqu'à l'empêcher, dès 1862, de tenter à notre imitation quelques constructions en bois. Cinq vaisseaux furent, comme nous l'avons dit, transformés, et les expériences récentes du *Royal-Oak,* l'un d'eux, ont été tellement favorables, que l'opinion est complètement revenue de ses préventions contre le bois, et que l'amirauté britannique a loyalement déclaré au Parlement qu'elle s'était trompée jusqu'ici. La réaction est désormais complète et les arguments abondent pour ébranler ce qu'on avait laborieusement édifié. Un navire en fer, dit-on, n'aura jamais, sur une côte ennemie, l'audace de mouvements d'un navire en bois; dans une croisière lointaine, privé de bassins pour se nettoyer, il perdra promptement sa marche; dans un combat, il sera plus qu'un autre exposé à de graves avaries, etc., etc. Tout cela est archi-vrai; il est seulement surprenant qu'on s'en avise après avoir dépensé 80 millions de francs sur dix coques en fer, sans autre vue qu'une plus grande durée de ces coques; quand chaque jour amène des progrès nouveaux; quand, selon toute probabilité, les bâtiments d'aujourd'hui seront, avant dix ans, remplacés par des bâtiments de formes et de dimensions nouvelles.

Il n'est pas de mal, cependant, qui ne serve à quelque chose. Ces tâtonnements de l'amirauté britannique auront eu l'avantage de lui créer un plus grand nombre de points, de comparaisons, et, par conséquent, de jalons pour l'avenir. Elle met, au reste, aujourd'hui tous les soins possibles à réparer ses erreurs : les quatre premières frégates blindées, réunies sous le commandement d'un contre-amiral, ont, tout l'hiver passé, croisé entre Gibraltar, Lisbonne et les

Açores. L'amiral portait son pavillon sur un ancien vaisseau à vapeur, le *Revenge*, navire qui avait fait ses preuves, dont on connaissait le fort et le faible, et qui constituait un excellent terme de comparaison. Durant cette croisière de quatre mois, toutes les évolutions de combat et de navigation furent exécutées, de mauvais comme de beau temps, sous voiles et sous vapeur, et les équipages, aussi bien que les officiers, y acquirent une grande habitude de ces nouveaux instruments.

Il faut se réjouir de voir notre escadre blindée faire ses dispositions pour de semblables expériences, avant que le département de la marine entreprenne des constructions nouvelles.

Encore quelques mots avant d'abandonner le sujet du développement de la flotte cuirassée en Angleterre. On se souvient que, — sauf les vaisseaux de bois transformés dans les arsenaux, et l'*Achille,* frégate en fer qu'elle construit à Chatham, dans le but de se rendre compte du prix de revient de ce genre de bâtiments, — c'est à l'industrie que l'amirauté britannique a principalement confié jusqu'ici la création de son nouveau matériel. Six frégates en fer sont déjà sorties des chantiers de la Tamise, de la Clyde et de la Tyne, et quatre autres en sortiront prochainement. Là, toutefois, se bornent les demandes du gouvernement ; le revirement de l'opinion y a coupé court, et les arsenaux resteront, jusqu'à nouvel ordre, seuls chargés des constructions blindées.

Quoi qu'il en soit, les usines particulières ont gagné, aux commandes qu'elles ont exécutées déjà, une énorme puissance d'outillage. Telle qui n'était, il y a trois ans, qu'un chantier ordinaire, possède aujourd'hui les ressources d'un arsenal et est en mesure, non-seulement de faire face aux ordres nombreux qui lui arrivent de l'étranger, mais encore de fournir au gouvernement des bâtiments cuirassés avec une grande promptitude. C'est le cas de cinq au moins de ces usines, et on comprend quelle puissance elles ajouteraient, dans un moment pressant, à la puissance des arsenaux.

On compte, en constructions blindées *étrangères* :

DANS LA TAMISE

Une frégate russe (récemment partie).
Une frégate turque (peu avancée).
Une frégate espagnole (peu avancée).

DANS LA CLYDE

Trois frégates turques (peu avancées).
Une frégate à destination inconnue.

A LIVERPOOL

Deux bâtiments à coupoles, égyptiens.

Tous ces bâtiments sont à base de fer; l'engouement qu'a fait naître le *Warrior* pour ce genre de construction n'est pas encore éteint, et il faudra du temps pour que les gouvernements étrangers, imitant l'amirauté britannique, se rangent à l'opinion de la France en faveur du bois. Du reste, le fissent-ils, que les constructeurs manqueraient de matériaux pour les satisfaire. Le fer a le mérite d'être toujours de saison et de durer longtemps; pour ceux qui ne peuvent attendre ni dépenser beaucoup, ce sont là des avantages qui balancent tous les inconvénients.

Telles furent, autant qu'il est possible de les résumer en quelques pages, les phases principales du mouvement accompli en Angleterre pour la création de la nouvelle flotte. En ce qui touche l'ancienne, on s'est borné à la tenir en état, selon les besoins du service. Plusieurs bâtiments ont été vendus à la Prusse, à la Chine et au com-

merce; d'autres, que, dans les circonstances ordinaires, on eût réparés, ont été
consacrés aux expériences d'artillerie ou à
faire des écoles de mousses; quelques-uns
sont désormais affectés au transport des
troupes et au ravitaillement des stations
lointaines; mais, sauf une corvette, — le
Wolverine, de 22 canons, — et quelques
avisos légers, aucune construction non
blindée n'a été mise en chantier depuis 1860.
Bien plus, les constructions de bois, com-
mencées alors, ont été suspendues jusqu'à
ce que l'expérience indiquât le parti qu'on
en pourrait tirer.

L'amirauté recueille aujourd'hui le fruit
de sa prudence. Elle compte, à divers
degrés d'avancement sur ses chantiers :

    2 vaisseaux;

    5 frégates;

    4 grandes corvettes;

    2 petites corvettes,

et 9 ou 10 petits bâtiments à hélice.

Les bois de tous ces navires sont parfaitement secs et pourront être utilisés à faire des navires cuirassés sur les plans du sieur Reed ci-dessus décrits.

ARTILLERIE & PLAQUES

II

ARTILLERIE & PLAQUES

—

En même temps que, durant les trois dernières années, les constructions navales subissaient une transformation radicale, l'artillerie de mer était, de son côté, l'objet de changements considérables. Sur la foi des succès obtenus avec un canon rayé de campagne, chargeant par la culasse, — et, d'emblée, sans expériences préalables avec un canon de gros calibre, — des ateliers gigantesques furent, dès 1860, construits à Woolwich en vue de la création d'un matériel d'artillerie de mer. Bientôt des milliers d'ouvriers supplémentaires furent à l'œuvre sous la direction de sir William Armstrong, et on calcula, sans hésitation, l'époque où la flotte anglaise serait toute entière armée du nouvel et redoutable engin promis.

Mais les procédés qui avaient réussi pour la pièce de campagne, donnèrent longtemps lieu à des mécomptes pour les forts calibres. Il fallut tâtonner pendant plus de 18 mois, et, après avoir dépensé des sommes folles, on s'arrêta à deux types principaux de pièces qui remplissaient à peu près le conditions désirables : leurs projectiles pesaient respectivement 30 et 48 kilos.

Ces types, excellents contre les murailles de bois, étaient, cependant, impuissants contre les murailles blindées; ils présentaient d'ailleurs le grave inconvénient d'un mécanisme de culasse compliqué, sujet à des dérangements, et, malgré leurs qualités incontestables de justesse et de portée, n'inspiraient qu'une médiocre confiance aux marins. Jusque-là l'ancien canon anglais ordinaire, de 68 (1), restait encore, aux distances pratiques du combat, le seul dont le boulet fût efficace contre les nouveaux bâtiments. Pour donner au canon Armstrong la même puissance, il eût fallu augmenter la vitesse initiale de son projectile, et, pour cela, renoncer au chargement par la culasse, ainsi qu'aux rayures multiples, deux des traits les plus essentiels du système. Sir William Armstrong ne pouvait les sacrifier, sans perdre les avantages qui par ailleurs distinguaient son invention; il s'avoua vaincu par les plaques.

Tel fut le bilan de trois années de fabrication : on avait fait des dépenses considérables pour produire environ 800 canons

---

(1) C'est la pièce qui, depuis la paix, forme le fond de l'armement de la flotte anglaise; son projectile plein, qui pèse environ 30 kilos, vient généralement, en quatre coups doublés, à bout des plaques de 0,12 centimètres, aux distances de 200 mètres.

de mer incomplets, et pour arriver à reconnaître qu'on s'était trompé.

Toutefois, un enseignement important
se dégageait de ces mécomptes : le problème
de la destruction des cuirasses n'était pas
soluble par telle forme de rayures, ou par
tel mode de chargement par la culasse.
Ce qu'il fallait pour venir à bout des nouvelles résistances, c'était tout simplement,
croyait-on, une pièce assez forte pour lancer
avec une grande vitesse initiale, — c'est-à-
dire avec une grande charge de poudre, —
un lourd projectile sphérique. Ce projectile
produirait d'un seul coup ce que le boulet
de 68 effectuait en trois ou quatre, et nulle
armure ne resterait une protection suffisante aux distances de 3 à 400 mètres (1).

______

(1) Sans doute ce projectile, perdant vite sa vitesse
initiale, serait comme le projectile rayé, tout-à-fait impuis-
sant contre les plaques, aux grandes distances ; mais il ne
faut pas oublier qu'un combat ne saurait être sérieux entre
deux navires blindés au-delà de 3 à 400 mètres.

Tel fut, pour sir William Armstrong, le point de départ de nouveaux essais, et les quelques résultats déjà obtenus par lui, à Shœburyness, semblent promettre qu'il réusssira. Ses canons se chargent par la bouche, portent trois rayures peu profondes, et peuvent, indifféremment, lancer soit un boulet sphérique de 75 kilogrammes, soit un projectile allongé de 150 kilogrammes, avec une charge de poudre de 20 kilogrammes. Si, comme on paraît s'y attendre, ces pièces réalisent ce qu'elles promettent, on compte les employer à l'armement des bâtiments Reed et des bâtiments à coupoles, dont l'artillerie, quoique réduite en nombre, ne perdra ainsi rien en puissance.

Les artilleurs de la marine inclinent, en France, à s'engager dans cette voie, et déjà quelques expériences ont eu lieu. La solution du problème s'y trouve peut-être.

Quant aux canons Whitworth, à âme

hexagonale, et dont on a vanté, avec exagération, les mérites, ils ont donné lieu à des accidents non moins nombreux que les canons Armstrong; leur chargement par la culasse a dû être abandonné, et leur forme intérieure a été tellement modifiée, qu'elle présente, à peine, quelques différences sensibles avec celle de nos canons à 6 rayures. Une seule qualité incontestable leur reste : ils surpassent, en pénétration, tous les canons connus, et percent, aisément, les plaques de 11 centimètres, à 6 et 700 mètres. Cette qualité, toutefois, n'est pas complète : les trous, occasionnés par les projectiles Whitworth, sont d'une netteté telle qu'on les bouche sans aucune difficulté. Sous ce rapport donc, ils sont, pour le combat à petite distance, inférieurs aux gros boulets sphériques, dont les blesssures béantes sont irréparables.

Sur le terrrain de l'artillerie, on le voit, nous possédons, à défaut d'avantages sérieux, celui d'avoir, à peu de frais, atteint des résultats, au moins égaux, à ceux des Anglais. Nos vieilles pièces de fonte, rayées sans beaucoup de dépenses, nous ont, dans un temps très-court, constitué une artillerie aussi puissante que celle de sir William Armstrong, capable, de plus qu'elle, de lancer, indifféremment, le projectile rond ou le projectile allongé de 45 kilos, et qui ne se dérange jamais. Nous avons transformé 600 de ces pièces, avant que les Anglais eussent fabriqué 60 Armstrong. D'un autre côté, notre système de chargement par la culasse est aujourd'hui, dit-on, complètement satisfaisant, et tend à se généraliser, tandis que les Anglais en sont arrivés, après de gros mécomptes, à renoncer à l'idée même de tout autre chargement que celui par la bouche.

Selon eux, le chargement par la culasse, quelque parfait qu'il soit, donnera lieu à des accidents dans un tir précipité, quand

les canonniers oublieront de prendre toutes
les précautions requises; ils pensent que
les instruments de combat doivent, avant
tout, être d'un entretien facile, commodes
à manier, et ne pas exiger de soins exceptionnels; enfin, ils trouvent que le prix de
revient du mécanisme de la culasse est hors
de proportion avec les avantages obtenus.

Comme dans la question des mérites
relatifs du fer et du bois pour les constructions, l'expérience des Anglais, en matière d'artillerie, a été payée d'environ
80 millions de francs.

Mais si, jusqu'à présent, leur meilleure
pièce est toujours le vieux canon de 68; s'ils
en sont encore à chercher comment la remplacer par un canon plus puissant, la fabrication de leurs affûts a réalisé des progrès
considérables. Au vieil affût de mer, monté
sur des roulettes, et que la moindre se-
cousse dérangeait, ils substituent, depuis
quelque temps, un affût à coulisses en deux

parties, semblable à ceux des batteries de côte.

Solidité, sûreté et facilité de pointage, telles sont les qualités que présente cette nouvelle installation, appelée, nous en sommes convaincu, à être prochainement généralisée dans toutes les marines.

A chaque effort de l'artillerie contre les cuirasses, les manufacturiers anglais ont répondu par des efforts nouveaux pour améliorer la fabrication de leurs plaques. Ils ne produisaient, en 1860, rien de comparable aux fers de l'usine Pétin et Gaudet : minerai et fabrication, tout était supérieur de notre côté. A force de persévérance, cependant, ils se sont, depuis un an, beaucoup rapprochés de nous, et les expériences qui se poursuivent en Angleterre semblent même établir que, dans certains cas, l'avantage leur reste.

Ainsi, tandis que, pour les plaques moyennes de 11 centimètres, nous restons les maîtres, nous avons un peu le dessous pour celles de 14 à 15 centimètres. Ce fait, que nous avons constaté de nos yeux, ne peut tenir qu'à une infériorité momentanée d'outillage, et il doit dépendre de nous de l'effacer.

Ne perdons pas de vue, cependant, que dès 1861 nous obtenions, en France, presque tous les résultats que les Anglais ont seulement atteints en 1863, et que nous avons peu progressé depuis. Encore quelques efforts de leur part, et qui sait s'ils ne nous dépasseront pas? A nous de nous ingénier pour tirer le meilleur parti possible de nos avantages naturels : supériorité de minerai et fabrication au charbon de bois.

III

ÉTAT DES ARSENAUX

—

Avant de quitter le chapitre du matériel, il est peut-être à propos de dire un mot de l'état des arsenaux maritimes du Royaume-Uni. L'outillage nous a paru, en général, plus complet, plus varié et plus commode que dans les nôtres, au point de vue de l'économie du temps et du travail.

Là, comme dans les usines particulières, le haut prix de la main-d'œuvre oblige à n'employer l'homme qu'aux travaux de force intelligente. Partout on rencontre des grues et des cabestans hydrauliques qu'un seul homme peut mettre en mouvement; les quais sont sillonnés de rails pour le transport des bois, des plaques de blindage, etc. ; à chaque pas, en un mot, l'ouvrier trouve à sa portée des auxiliaires dociles. Dans nos arsenaux, au contraire, on se procure encore la main-d'œuvre à assez bon compte pour reculer devant l'adoption de procédés mécaniques dont le premier établissement serait dispendieux. Les manœuvres de force s'exécutent à bras avec des appareils imparfaits, quelquefois même dangereux.

Nous n'affirmerons pas que les travaux obtenus par les procédés anglais valent en définitive mieux que les nôtres ; mais, à coup sûr, ils demandent moins de temps, comportent plus d'ordre et donnent lieu à moins d'accidents.

Espérons que le ministère de la marine, — dont les allocations pour améliorations intérieures des arsenaux sont souvent absorbées par des besoins extérieurs pressants, — pourra être mis en mesure de satisfaire au progrès que nous indiquons. Nous faisons également des vœux pour qu'il puisse sans retard réaliser un autre progrès plus important encore, qui intéresse au premier chef la conservation de notre matériel naval : le développement des moyens de combattre le feu. Tandis que les arsenaux anglais sont pourvus de vastes réservoirs d'eau établis sur des points élevés, de pompes à vapeur très-énergiques, fixes et flottantes, etc., nous n'avons guère que des pompes à main, lançant de petits jets d'eau hors de toute proportion avec le fléau à combattre, sur un terrain où sont accumulés avec profusion toutes les matières combustibles. Il serait profondément regrettable que, faute d'allocations suffisantes, le département fût contraint d'ajourner cette dépense jusqu'au moment où des désastres viendraient l'imposer.

Les approvisionnements de toute sorte

sont naturellement tenus au grand complet dans les arsenaux du Royaume-Uni. Les bois y sont particulièrement en quantité énorme, par suite de trois années d'interruption des constructions, et l'amirauté est en mesure d'entreprendre des travaux considérables. Mais, si l'abondance règne dans les magasins, l'ordre ne brille, ni dans le classement des matières, ni dans les détails administratifs. Nos alliés ont assurément moins d'écritures que nous, mais il règne en revanche dans le service des ports des irrégularités que nous ne connaissons pas. Ils ont imaginé, pour y remédier, le régime des magasins particuliers, où chaque bâtiment a les principaux articles de son armement prêts et étiquetés. Cette disposition, que beaucoup d'officiers français envient, n'est, à nos yeux, qu'un pacte avec le désordre ; elle nuit aux intérêts du Trésor, parce qu'elle condamne souvent au repos des valeurs considérables ;

elle crée des habitudes de routine qu'une bonne administration peut éviter.

Avec la tendance actuelle à réduire le nombre de types de bâtiments, le *desideratum* est d'arriver, pour tous ceux qui diffèrent peu, à avoir des objets immédiatement utilisables, sans distinction de noms de bâtiments. C'est ainsi que nous procédons en France, et nous nous en trouvons bien.

Tous les navires anglais, non armés, forment ce qu'on appelle la réserve flottante. Cette réserve est divisée en trois classes : la première comprend les navires auxquels il ne manque que leur équipage et leurs poudres; la deuxième, ceux qui n'ont à bord que la partie non périssable de leur armement; la troisième, ceux qui sont en réparation. Cette organisation, bonne en principe, ne produit pas toujours de bons résultats dans la pratique, faute d'ordre et de méthode dans l'emploi des éléments qui la constituent ; les bâtiments restent parfois deux et trois années dans la première classe ; leur matériel se détériore, et, à peine sortis des ports, ils sont souvent contraints d'y rentrer, pour réparer des avaries. Le fait s'est, à notre connaissance, présenté plusieurs fois.

Notre réserve flottante, calquée en partie sur celle des Anglais, ne donne, jusqu'ici, lieu à aucun inconvénient semblable. Chacun se rappelle avec quelle admirable promptitude elle fit face aux besoins nombreux et imprévus de la guerre du Mexique.

Les excès de dimensions, dans lesquels tombèrent les Anglais au début de la transformation de leur flotte, leur occasionnèrent un embarras grave, d'où ils commencent à peine à sortir ; ils manquèrent de bassins assez grands pour recevoir leurs constructions colossales. Depuis deux ans, tous les arsenaux sont à l'œuvre pour compléter cette partie essentielle de leur établissement.

C'est là un écueil que nous n'avons pas connu. Aujourd'hui que l'amirauté se range à nos dimensions modérées, elle peut regretter les immenses travaux hydrauliques qu'elle a entrepris.

Nouvelle cause de dépenses inutiles ! Et qu'on ne dise pas que ce sont là des fautes sans importance ! Si on les rapproche des tâtonnements dans la transformation de la flotte et dans la fabrication de la nouvelle artillerie, du manque de méthode qui, chaque jour, se révèle dans les expériences, de l'absence d'ordre dans l'administration des arsenaux, etc.; si on songe que, sans être sensiblement en avance sur nous dans son œuvre actuelle, l'Angleterre y a dépensé déjà deux fois autant d'argent que nous, on est amené à reconnaître que nos voisins, avec leurs grandes qualités pratiques, nous restent inférieurs sur une foule de points, et que leur supériorité sur d'autres ne reconnaît souvent pas de meilleure cause que la prodigalité.

Tel est le bilan du matériel anglais; nous y trouvons des motifs légitimes de satisfaction pour notre amour-propre, et de confiance en notre avenir. Là où une question d'argent seule peut constituer une infériorité, la France a le droit de compter sur elle-même.

VI

PERSONNEL

—

Avec un budget double du nôtre, avec des chantiers et des usines de construction capables d'entretenir toutes les marines de second ordre, l'Angleterre ne saurait, sur le terrain du matériel, rester jamais long-temps en arrière des progrès de ses rivaux. Si, comme nous venons de le voir, il lui arrive à intervalles d'être distancée, c'est pour un temps assez court, et, avant qu'un perfectionnement en vienne à constituer une puissance nouvelle, quelques efforts d'argent lui rendent sa place.

Il y a dix ans à peine, on constatait une

absence complète d'équilibre entre le personnel et le matériel de la flotte : tandis que celui-ci était généralement en mesure de faire face à toutes les éventualités, celui-là, malgré des ressources en apparence innombrables, se trouvait fréquemment aux abois dans les circonstances les plus ordinaires. A cette époque, l'équipage d'un bâtiment anglais se composait exclusivement d'engagés temporaires de toute origine, qui se louaient pour la durée d'une campagne. La rapidité de l'armement dépendait du plus ou moins de popularité du capitaine, de la nature du voyage à accomplir, et il n'était pas rare de voir le bâtiment attendre trois mois son complément d'hommes. Une fois formé, ce n'était souvent pas avant six mois de pratique, que cet équipage composé d'éléments hétérogènes, — parfois 1/5 d'hommes de l'intérieur « *landsmen* », — devenait digne de confiance.

Si une grande guerre maritime eût alors appelé tous les efforts de l'Angleterre, elle aurait éprouvé de graves embarras; car, bien que la presse restât à sa disposition, cet « *ultima ratio* » n'était plus dans les mœurs, et, — y eût-il encore été, — n'aurait apporté dans la flotte que des éléments de médiocre valeur. C'était là une source de faiblesse. On fut longtemps avant d'y porter son attention; mais le réveil qui agitait le matériel devait tôt ou tard s'étendre au personnel.

En 1852, une commission choisie dans les Communes fut chargée d'élaborer un projet en vue de remédier à ce fâcheux état de choses. On doit à cette commission le système des engagements continus ou à long terme, destiné à fonctionner conjointement avec l'ancien système des engagements temporaires. Voici ses principales dispositions :

Le mousse est reçu dans la marine de 14

à 18 ans, mais en y entrant il s'engage à servir 10 ans, comptés depuis l'âge de 18 ans. A 18 ans, il est de droit matelot de 2ᵉ classe, s'il a servi deux ans à la mer et si sa conduite est bonne. Une fois matelot, il reçoit à chaque avancement, outre la paie de son nouveau grade, un supplément spécial. Ce supplément, qui est la récompense de l'aliénation de sa liberté, consentie par l'engagé à long terme, n'appartient pas à l'engagé temporaire.

Le même avantage est assuré au marin qui contracte un engagement de 10 ans, et à celui qui, ayant servi antérieurement dans la marine, s'engage à y servir pour 7 ans au moins, ou le temps nécessaire afin de compléter 21 ans de services.

Dans une circonstance pressante, en cours de campagne, par exemple, l'engagé à long terme peut être retenu au-delà des 10 ans convenus; mais, dans ce cas, il reçoit une allocation exceptionnelle. D'autres avantages lui sont, en outre, garantis s'il est matelot d'élite, canonnier, gabier, etc. En retour de campagne, si son engagement n'est pas terminé, il reçoit six semaines de permission à solde entière ; à sa rentrée de permission, il est tenu en disponibilité au port.

Quand il compte 20 ans de services, à partir de 18 ans, il a droit à une pension d'environ 20 livres sterling par an, et, dans certains cas spéciaux même, cette pension peut être liquidée sur le pied de 10 à 12 livres, après 10 et 15 ans (1).

Le marin pensionné est, en temps de guerre, susceptible d'être appelé sous les drapeaux, auquel cas il cumule solde et pension.

Telles sont les principales dispositions de

____

(1) Les mêmes dispositions de retraite s'appliquent à l'infanterie de marine « *marines* », et l'amirauté compte, par ce moyen, avoir dans peu d'années 5 à 6,000 pensionnés de réserve.

la loi des engagements à long terme ou continus; elles sauvent à l'amirauté des embarras, mais ne peuvent lui constituer une réserve respectable d'hommes dans les arsenaux, qu'à la condition fort onéreuse d'avoir constamment sous les drapeaux un nombre d'engagés à long terme beaucoup plus considérable que celui nécessaire aux besoins de l'armement normal de la flotte en temps de paix.

Le mal n'était donc qu'en partie guéri : un système plus élastique et moins dispendieux était indispensable pour répondre aux besoins imprévus, sans grever le budget de charges inutiles. Une nouvelle commission fut nommée; elle conclut à la formation d'un corps de réserve de 25,000 volontaires navals « *naval volunteers* », toujours disponibles, quoique non réunis, et pris exclusivement parmi les sujets d'élite.

Tout marin âgé de moins de 35 ans et bien conformé, ayant 5 ans révolus de mer, dont

un au moins en qualité de bon matelot
« *able seaman* », peut s'enrôler comme
volontaire. La durée de son engagement est
de 5 ans, renouvelable au gré du contrac-
tant. Une fois sur les matricules de la
réserve, il est tenu de se présenter tous les
6 mois à l'autorité, et ne peut, à moins d'un
congé spécial, entreprendre de voyage de
plus de 6 mois. Chaque fois qu'il va à la
mer, il en fait la déclaration. Tous les ans,
sur un avis qui lui est donné d'avance, de
manière à le gêner le moins possible, il passe
28 jours à bord d'un navire garde-côtes, pour
y être exercé, et reçoit alors, avec les vivres,
la solde de « *able seaman* »; en tout, à peu
près 4 livres sterling pour les 28 jours. Pour
les hommes instruits déjà, cette durée peut
être réduite.

En cas d'armements pressés, ou de menace de guerre, le volontaire naval est susceptible d'être appelé, pour 5 ans au plus,
à bord de la flotte, sur quelque point du

globe qu'on ait besoin de lui. S'il ne répond pas à l'appel, il est réputé déserteur et poursuivi.

En échange de sa disponibilité, il reçoit 6 livres sterling (150 fr.) par an et a droit, après 15 ans de présence dans la réserve, et quand il compte 60 ans d'âge, à une pension de 10 livres (250 fr.) En cas d'infirmités, cette pension peut être réglée plus tôt.

Il a fallu à l'amirauté quelque temps pour vaincre la répugnance des marins à s'enrôler dans la réserve. L'affaire du « *Trent* », qui exigea des armements extraordinaires, vint à propos servir les projets du gouvernement et faire tomber les dernières préventions de la population maritime. Il y avait, à ce moment, environ 5 à 6,000 volontaires seulement. Persuadés qu'on les appellerait d'un moment à l'autre, ces braves gens offrirent spontanément leurs services. L'amirauté répondit habilement que le cas ne lui paraissait pas de nature à exiger leur embarquement et les remercia. Depuis lors, la réaction favorable est complète ; l'effectif de la réserve a atteint le chiffre de 18,000, la plupart hommes mariés, appartenant au grand cabotage, tous gens d'élite, qui, embarqués aujourd'hui pour demain, apporteraient dans la flotte anglaise des éléments formidables de savoir, de résolution et de moralité. Avant un an, le chiffre fixé de 25,000 hommes sera atteint, si l'on y tient ; il pourrait être doublé dans le même temps si, au lieu de maintenir la porte à moitié fermée, on consentait à l'ouvrir.

Un corps d'officiers, choisis parmi les sujets les plus recommandables du commerce, complète cette importante institution de la réserve, dont la dépense annuelle s'élève, aujourd'hui, à environ 200,000 livres « *5 millions de francs* » ; somme infime, quand on songe qu'elle assure à l'Angleterre, pour l'heure des difficultés subites, de quoi armer, avec les meilleurs marins possibles, 50 frégates cuirassées.

La commission ne s'est pas contentée de constituer la réserve militante; elle a voulu lui assurer des bases de recrutement, en organisant, dans tous les grands ports de commerce, des écoles de mousses. Là, les enfants, entretenus les uns par l'État, les autres par les familles, reçoivent une bonne éducation professionnelle et sont formés à la discipline. Une fois leur éducation terminée, ils sont libres de naviguer au commerce ou, s'ils le préfèrent, de contracter dans la marine un engagement de 10 ans. Le plus grand nombre adopte ce dernier parti qui leur assure, outre des avantages présents au moins égaux à ceux du commerce, une pension pour leur âge mûr.

Le corps de l'infanterie de marine a été considérablement augmenté dans ces dernières années; il est aujourd'hui de 18 à

20,000 hommes, dont une moitié est embarquée, et l'autre disponible dans les arsenaux. L'amirauté a, par conséquent, là, sous la main, une autre réserve de 9 à 10,000 hommes, généralement familiarisés avec la vie à la mer, rompus aux exercices de bord, et capables de rendre, immédiatement, d'excellents services sur la flotte.

A ces ressources imposantes, il faut ajouter :

1° 10,000 garde-côtes (1), tous anciens marins, constamment embarqués sur le littoral, et qui, au premier ordre, peuvent être versés sur les bâtiments du service extérieur.

2° 8,000 volontaires-côtiers « *coast volunteers* », la plupart pêcheurs, disponibles en

---

(1) Les garde-côtes relèvent de l'amirauté; leur service est d'empêcher les opérations illicites sur le littoral, de porter secours aux navires en danger, etc.; ils sont placés sur des bâtiments stationnaires échelonnés le long des côtes.

temps de guerre pour 5 ans, comme les volontaires navals, mais sous condition de ne pas servir au-delà de 300 milles des côtes du Royaume-Uni. Ils reçoivent, en échange de leur disponibilité, 30 francs par an, sans compter leurs vivres, et une solde pendant les 28 jours d'exercice annuel.

3° Enfin, quelques milliers de pensionnés, dont le nombre va s'augmentant chaque année, et qui fourniraient d'excellents contingents sur les bâtiments garde-côtes, si on avait à mobiliser les équipages de ces derniers.

En résumé, le gouvernement britannique dispose, dès aujourd'hui, pour une grande éventualité, d'environ 50,000 hommes, en dehors de son personnel embarqué, savoir :

4,000 engagés à long terme, rentrés de campagne et tenus prêts dans les ports (ce nombre est très-variable).

10,000 garde-côtes.

9,000 soldats de marine.

18,000 volontaires navals (dont 1/5 environ
absent pour de longs voyages).

8,000 volontaires côtiers.

____

49,000 hommes, sans compter les pensionnés.

Ce sont là des ressources imposantes,
qui changent complètement les situations
respectives des marines française et anglaise. Nous aurions eu autrefois, sous le
rapport du personnel, un avantage considérable, au début d'une guerre, notre inscription maritime devant fournir, sans efforts,
des équipages de choix, pour nos bâtiments
disponibles, tandis que l'amirauté britannique eût été contrainte de recourir à la
presse. Il n'en serait plus ainsi aujourd'hui.
La marine du commerce est désormais, on
peut le dire, incorporée par ses organes
les plus vitaux à la marine militaire; toutes
ses vieilles répugnances disparaissent l'une
après l'autre, et l'Angleterre est bien près

d'avoir atteint, dans l'élément naval, cette grande unité qui, dans l'élément militaire, rend la France invincible.

Voilà, à notre point de vue, le progrès le plus grand qu'aient accompli nos voisins, dans les dix dernières années ; progrès immense auquel il faut forcément faire attention dans les combinaisons politiques de l'avenir.

V

RÉSUMÉ

—

Matériel. — Le mouvement de transformation qui s'accomplit depuis quatre années dans le matériel naval, a généralement été à l'avantage de la France. Au point de vue des progrès de l'art, notre supériorité est manifeste.

Après s'être laissé devancer par nous dans la conception des nouveaux instruments de guerre ; après avoir, de 1860 à 1862, hésité dans sa route et fait des dépenses hors de proportion avec le but atteint, l'Angleterre s'est franchement rangée à nos doctrines, en adoptant les cons-

II.　　　　　　　　　　　　　　8*

tructions à base de bois et les dimensions modérées.

Sous le rapport des forces cuirassées immédiatement disponibles, le bilan est, on l'a vu, légèrement en notre faveur, comme nombre et comme qualité des bâtiments, et ce résultat nous a coûté un tiers de moins qu'aux Anglais.

Une supériorité incontestable reste à nos rivaux : ils ont une plus grande variété de types, partant plus de points de comparaison. Si le système Reed réussit, il résoudra un problème important, l'application des armures aux navires moyens de long-cours.

Notre artillerie rayée, comme nos bâtiments cuirassés, a été presque d'emblée ce qu'elle est aujourd'hui; les affûts exceptés, elle ne le cède en rien à l'artillerie anglaise et nous a coûté fort peu comparativement.

Les plaques anglaises, longtemps en

arrière des nôtres, sont aujourd'hui en bon chemin de les rattraper. Aux derniers essais, celles de 14 centimètres avaient même une légère supériorité.

Les nombreuses constructions confiées à l'industrie, l'ont mise de moitié dans la création du nouveau matériel, et lui ont attiré des clients de tous les points du globe. C'est là un pas considérable! Il a coûté cher à l'amirauté sans doute; mais quelles ressources il lui garantit pour l'avenir!

Nos arsenaux sont mieux tenus et mieux administrés que ceux des Anglais, et l'infériorité qu'ils présentent sous certains rapports pratiques, disparaîtra sans effort le jour où on pourra leur allouer l'argent nécessaire.

L'argent! Nous avons la conscience que la marine française n'aurait pas besoin d'autre chose pour être, sous le rapport du matériel, à la hauteur de toutes les situations.

Autant en doit-on dire peut-être sous le rapport du personnel.

Personnel. — Le personnel de la marine britannique a, dans les dernières années, complètement changé de face. Il y a quatre ans à peine, une rupture subite avec la France eût forcé l'Angleterre à recourir à la presse pour armer, d'équipages sans consistance, son immense matériel; la France, au contraire, eût aisément trouvé dans son Inscription maritime des ressources d'élite, et les débuts de la guerre eussent probablement été à son avantage.

Aujourd'hui, par des mesures prudentes et par quelques sacrifices, l'amirauté compte, outre les marins embarqués, une réserve disponible de 50,000 hommes; elle a résolu l'important problème d'une fusion intime entre les marines du commerce et de l'État, et créé ainsi une unité qui double la valeur de la flotte.

C'est là, peut-être, le plus grand progrès accompli par la marine anglaise depuis la paix. Sans ce progrès, son grand matériel était, pour un temps plus ou moins long, toujours frappé de stérilité; par lui, l'équilibre entre les deux éléments de sa puissance est rendu stable, et cette puissance est devenue formidable.

Nous avons, nous aussi, une importante réserve dans notre inscription maritime; ménageons-la! Continuons, par quelques sacrifices d'argent et par des réformes, en accord avec les besoins du temps, à améliorer l'institution de Colbert, sans en saper les bases! Que nos populations du littoral sentent qu'on s'occupe d'elles avec sollicitude! Alors, les préventions du marin de commerce, déjà fortement ébranlées, disparaîtront, et il deviendra le plus ferme appui d'un ordre de choses qui, en échange d'une disponibilité de six années, l'assure contre son imprévoyance naturelle et lui garantit des priviléges, dont il n'aimerait pas à se passer désormais.

C. P. — 1863.

ÉTUDE

HISTORIQUE & GÉOGRAPHIQUE

SUR L'ARCHIPEL DES AÇORES

(1847)

Appelé à passer plusieurs mois aux îles Açores, en 1846 et 1847, nous avons consacré nos loisirs à réunir, par l'intermédiaire de quelques personnes obligeantes, les documents les plus récents sur l'histoire et sur la géographie de cet archipel.

Excepté les ouvrages de *Cordeiro* et de *Gaspar Fructuoso*, publiés tous deux au xviie siècle, nous n'avions pour nous aider dans ce travail, d'autres documents écrits que des fragments incomplets et contradictoires, qu'il eût été imprudent de consulter aveuglément, parce qu'ils portaient tous un caractère plus ou moins frappant d'ignorance ou de partialité. Nous avons, pour cette raison, tenu à n'employer, comme bases de cette étude, que des renseignements soigneusement contrôlés, aimant mieux la restreindre à de moindres proportions, en restant exact, que de l'étendre aux dépens de la vérité.

C. P.

I

EXPOSÉ GÉNÉRAL

—

Les neuf îles de Sainte-Marie, Saint-Michel, Tercère, Saint-Georges, Gracieuse, le Pic, Fayal, Flores et Corvo, qui composent l'archipel des *Açores*, sont comprises entre les 37ᵉ et 40ᵉ degrés de latitude septentrionale, et les 27ᵉ et 33ᵉ degrés de longitude occidentale ; elles doivent probablement leur nom au grand nombre d'oiseaux du nom d'*açor* (autour), que les premiers navigateurs rencontrèrent sur leurs rivages, à l'époque de la découverte, et que l'on y aperçoit encore aujourd'hui. Leur formation a donné lieu à tant de controverses parmi les géologues, qu'il ne nous appartient guère de hasarder des idées personnelles à ce sujet. Nous nous bornerons à consigner ici les quelques traditions courantes, en laissant aux hommes spéciaux le soin d'adopter, en dernière analyse, l'opinion qui mérite la préférence.

Selon quelques auteurs modernes, les Açores seraient les débris de la fameuse île Atlantide, à laquelle Aristote, Strabon, Platon, Diodore de Sicile, etc., assignaient les dimensions d'un continent dans une antiquité reculée, et qu'ils disaient avoir été submergée dans une grande convulsion du globe. Ces assertions, bien qu'admissibles à quelques égards, rencontrent aujourd'hui peu de croyance et sont, à tort ou à raison, reléguées par le plus grand nombre, dans le domaine des rêveries.

Hadson, Patrin, Leibnitz et quelques autres pensent qu'elles sont les cîmes de montagnes primitives de la terre, dont la chaîne aurait uni les Cordilières du

nouveau monde aux Alpes de l'ancien.
Les raisons invoquées à l'appui de cette
opinion par le docte Gaspard Fructuoso,
dont les travaux sont recommandables à
tant d'autres titres, ne se discutent pas.
Il prétend que si les Açores n'avaient
pas dans le principe été liées au continent
de l'Europe, elles seraient forcément aujourd'hui suspendues entre l'air et l'eau,
et ne pourraient s'y maintenir ; il ajoute,
à l'appui de ce système, qu'en faisant route
de l'archipel au Portugal, les navigateurs
vont toujours reconnaître la roche de
Cintra (1), parce que chaque partie tend
naturellement vers son tout.

Nous ne nous arrêterons pas à réfuter de
semblables arguments ; il faut les mettre au
rang de celui de Galilée, expliquant l'as-
cension de l'eau dans un corps de pompe
par l'horreur que la nature a du vide.

____

(1) Roche de Cintra, sur la côte de Portugal.

Cook, Swedenbourg et Goulard pensent, avec plus d'apparence de raison, que les Açores sont le produit de convulsions volcaniques sous-marines. Depuis leur découverte, en effet, des îlots s'y sont élevés spontanément à diverses époques, pour disparaître plus ou moins longtemps après; des cratères s'y sont formés et éteints, d'autres sont encore en ignition sur quelques montagnes; partout, en un mot, le géologue y rencontre les traces d'une grande activité volcanique. Il faut ajouter, cependant, que cette théorie est démentie, sur quelques points de l'archipel, par la présence de la pierre calcaire.

Nous ne pousserons pas plus loin l'énumération des systèmes édifiés à ce sujet. Tous laissent quelque chose à désirer, comme on le voit, et comme on s'en convaincra davantage dans la suite de cette notice.

La découverte des Açores paraît remonter

au commencement du xv⁰ siècle. Selon le Père Cordeiro, l'infant don Pedro de Portugal rapporta, en 1428, d'un voyage qu'il fit dans les divers États de l'Europe, une carte sur laquelle se trouvaient indiqués les contours connus du globe, et entre autres points remarquables, le détroit de Magellan, le cap de Bonne-Espérance, les côtes d'Afrique et des terres vagues dans l'ouest. C'était, on le sait, dès le xiii⁰ siècle, une croyance populaire qu'il existait à l'occident de l'Europe une grande région que les géographes, sans pouvoir en indiquer la forme, ni les dimensions, nommaient *Antilia*. Les esprits, avides de merveilleux, rêvaient avec ténacité la découverte de cette terre imaginaire, qu'ils se représentaient abondante en toute sorte de richesses, et, par leur persistance dans une heureuse erreur, contribuaient à hâter la connaissance de la vérité.

Quoi qu'il en soit, vers 1431, sous le

règne de Jean Ier, l'infant don Henrique, ce prince auquel le Portugal a dû ses plus brillantes découvertes, équipa un navire et donna pour unique instruction à un gentilhomme de sa cour l'ordre de se diriger vers l'ouest jusqu'à la rencontre de la terre. Gonçalo Velho Cabral — c'était son nom — atteignit en peu de jours les îlots *les Fourmis,* rochers arides situés à 20 milles dans le N.-N.-E. de l'île Sainte-Marie, dont il n'eut pas connaissance, et, sans pousser plus loin son voyage, il retourna en Portugal, fort inquiet de l'accueil que lui ferait don Henrique.

Celui-ci, loin de se rebuter, vit dans ce premier résultat une nouvelle présomption en faveur de ses idées ; et Gonçalo, expédié de nouveau, découvrit cette fois la grande île qui fut nommée Sainte-Marie. Elle était inhabitée et dépourvue de ports ; mais le sol en paraissait d'excellente qualité, des ruisseaux la sillonnaient en tous sens, et le climat y était délicieux. Gonçalo en fut nommé capitaine donataire, et s'occupa aussitôt de pourvoir à sa population. Bon nombre de ses parents et amis, appartenant presque tous aux conseils du roi, l'accompagnèrent, et bientôt l'île fut en bonne voie de prospérité.

On verra plus loin comment la découverte de Sainte-Marie fut suivie, à intervalles plus ou moins rapprochés, de celle du reste de l'archipel ; mais c'est ici le lieu de mentionner une particularité curieuse relative à la petite île de Corvo, la plus occidentale de toutes. Le père Cordeiro raconte, sur la foi des traditions, que dans cette île, trouvée déserte comme les autres, les premiers visiteurs rencontrèrent un immense monolithe, dont la forme grossière était celle d'un homme à cheval, la main droite étendue dans la direction du N.-O., comme pour signaler aux navigateurs la route de l'Amérique. Nous n'avons pas entendu dire que ce monolithe fût encore debout; s'il n'est pas le fruit de l'imagination des premiers voyageurs, on pourrait en rattacher l'origine au passage à Corvo de quelques-uns de ces hardis aventuriers normands, qui, aux xie et xiie siècles, traversèrent l'Océan et découvrirent bien avant Colomb, si l'on en croit les chroniqueurs, plusieurs des grandes terres de l'ouest. Dans son voyage de retour, une de leurs barques aurait fait côte sur cette île hérissée d'écueils, et, privés des moyens de revenir en Europe, ceux qui la montaient auraient cherché à éterniser la trace de leur passage sur cette terre d'exil. Le bras tourné vers le N.-O., où se trouve située l'île de Terre-Neuve, bien dûment visitée par eux dans ces époques reculées, semblerait un témoignage à l'appui de notre hypothèse.

Les géographes ne se sont peut-être pas assez occupés de vérifier cette particularité qui aiderait à jeter quelque jour sur les découvertes du moyen-âge, si enveloppées de ténèbres.

Il existe, toujours au dire du Père Cordeiro, une autre particularité non moins curieuse dans cette même île de Corvo : au sommet des montagnes dont elle est formée, dans un lieu qu'il est aisé de reconnaître pour un enfoncement postérieur à une éruption volcanique, on verrait un petit lac d'eau douce sur lequel s'élèveraient sept petits îlots placés à peu près, l'un par rapport à l'autre, dans la position qu'occupent les diverses îles de l'archipel.

Sans ajouter une foi absolue à des récits qui remontent à 140 ans, et qui sont plus ou moins entachés du sentiment de merveilleux qu'on apportait alors dans l'appréciation de toutes les découvertes, il est permis de s'étonner naïvement de ces traditions, qui pourraient avoir un fond de vérité.

II

DIVISIONS GÉOGRAPHIQUE & POLITIQUE

—

L'archipel des Açores compte environ 110 lieues de l'est à l'ouest, et 50 du nord au sud; il forme trois départements :

Celui de Ponta-Delgada, qui comprend............. { Saint-Michel, et Ste-Marie.

Celui d'Angra................ { Tercère, Saint-George, et Gracieuse.

Celui de Fayal.............. { Fayal, Le Pic, Flores, et Corvo.

Sa position sous les plus belles latitudes de la zone européenne, lui donne un climat doux, sain et agréable. Les grandes brises de l'Océan septentrional y tempèrent la chaleur des jours d'été, et de hautes montagnes y offrent toutes les expositions favorables à une grande variété de cultures. Si l'on excepte les sommets de l'île du *Pic* qui restent couverts de neige pendant quatre mois de l'année, jamais l'hiver ne fait ici sentir ses rigueurs, et les autres saisons y sont toujours délicieuses.

De la mer, l'aspect général est tour à tour sauvage, gai et grandiose : des rochers gigantesques profilent sur le ciel bleu leurs cîmes déchiquetées, qui couronnent des montagnes verdoyantes ; sur le littoral s'étalent des villes et des villages aux maisons blanches et riantes ; de toutes parts, des églises et d'anciens couvents poussent vers le ciel leurs clochetons gracieux ; çà et là une cascade bondit au flanc d'un promontoire sombre, et vient mêler son écume à celle de la lame qui gronde sourdement dans un dédale de roches noires, aux pointes acérées et dangereuses.

Pour le promeneur, le panorama n'est pas moins pittoresque et imposant : ici, il parcourt une vallée ombreuse, au fond de laquelle serpente un ruisseau d'eau vive, dont les chutes animent des moulins, tandis que les collines qui l'encaissent sont peuplées de bestiaux et couvertes de céréales ou d'orangers ; là, il suit un chemin rocailleux et perfide qui longe une falaise escarpée, au-dessus de laquelle pendent de gros rochers gris, prêts à se détacher et à emporter tout dans leur chute, tandis qu'à ses pieds la mer rugit et paraît vouloir se frayer un passage dans des cavernes mystérieuses.

Partout le paysage pénètre le voyageur d'un secret sentiment d'admiration et de crainte, en déployant tour à tour à ses yeux les tableaux sublimes, gais ou mélancoliques que la nature se plaît à répandre dans ses œuvres de prédilection.

Pourquoi la nature, si prodigue à tant d'égards envers les Açores, leur a-t-elle refusé de bons ports, et a-t-elle rendu leurs approches si dangereuses? Il n'y a point dans l'Océan Atlantique de parages plus admirablement situés pour servir de lieu de relâche aux marins, après de longues et périlleuses navigations, quand souvent les vivres leur manquent ou qu'ils ont essuyé des avaries; et s'ils pouvaient y trouver un refuge sûr et commode, combien de sinistres seraient épargnés à l'humanité!

Quand nous parlerons de chaque île en particulier, nous reviendrons sur cette question qui intéresse au plus haut degré toutes les nations maritimes, à une époque où l'on voit des ports artificiels parfaitement abrités se créer comme par enchantement sur les côtes les plus dangereuses.

Le temps n'est plus où des éruptions volcaniques venaient fréquemment modifier la configuration de ces îles; celles qui ont encore lieu de loin en loin ne causent que peu ou point de dommages, et depuis l'année 1775, un seul tremblement de terre a occasionné quelques désastres dans l'île de Tercère. Toutefois ces convulsions, jointes à l'apparition momentanée de petits îlots, dont nous aurons l'occasion de parler, aident à expliquer le phénomène que l'on constate ici comme sur plusieurs autres points du globe, tels que la Suède, le Chili : nous voulons parler de l'abaissement apparent du niveau de la mer qui tient, on le sait, à un mouvement imperceptible de soulèvement de la croûte terrestre.

On a découvert dans les montagnes plusieurs sources d'eau thermales et divers minéraux utiles; mais rien n'a confirmé jusqu'ici l'opinion émise par quelques voyageurs qu'on y trouvait de l'or et des diamants.

Le sol, qui est généralement d'une grande fertilité, est formé d'une argile ferrugineuse recouverte tantôt de terre végétale, tantôt de scories et de cendres volcaniques. Docile à toutes les cultures, il demande bien peu de travaux pour récompenser largement le laboureur de ses peines, et en tout temps ses productions furent dues à ses qualités plutôt qu'à l'art. L'agriculture est florissante à St-Michel, à Gracieuse et à Fayal; les autres îles cultivent particulièrement la vigne qui exige ici peu de soins. On trouve dans diverses parties de l'archipel la plupart des végétaux de la zone torride à côté de ceux de la zone tempérée; quelques-uns de ces derniers acquièrent même des qualités inconnues dans ceux de l'Europe. Les plantes médicinales abondent partout, et les forêts fournissent d'excellents bois pour les constructions, notamment le cèdre.

On cultivait encore sur une grande échelle aux Açores, il y a quelques années, une plante nommée *pastel,* dont la feuille réduite en poudre, après avoir été séchée au soleil, donnait une belle teinture bleue. Cette industrie est aujourd'hui abandonnée à cause de l'impossibilité de la faire entrer en concurrence sur les marchés avec celle de l'indigo ; il en est de même de la culture de la canne à sucre et du tabac, dont les produits, inférieurs à ceux d'Amérique, ne trouvent pas de débouchés.

Le gros bétail prospère dans toutes les îles, et les habitants, même les moins aisés, comptent une ou deux vaches dans leur étable et quelques porcs dans leur cour. La chair de ce dernier animal est de bonne qualité, et constitue, avec les légumes secs et la pomme de terre, la principale nourriture des gens pauvres. Les chèvres sont assez rares, malgré la nature accidentée du terrain qui semblerait devoir favoriser leur multiplication, et la race chevaline n'a pas atteint le degré de prospérité que semblent promettre les nombreux pâturages qu'elle rencontre à chaque pas. La cause en doit probablement être attribuée au mauvais état des chemins et aux avantages que présente le gros bétail pour la culture des terres et pour certains travaux de force.

Tous les menus gibiers sont abondants, notamment la caille, la bécasse, le ramier et le lapin de garenne.

Il est, en somme, peu de lieux civilisés où la vie ordinaire soit moins dispendieuse et meilleure que dans la plupart de ces îles, tant y sont grandes les facilités de faire pulluler les végétaux et les animaux les plus utiles à l'homme.

Nous ne saurions assigner un chiffre exact à la population des Açores, à cause du peu de soin qu'on apporte aux recensements. On nous a assuré qu'on ne s'éloignait guère de la vérité en l'estimant entre 200 et 210 mille habitants.

Les hommes sont, à peu d'exception près, de taille moyenne, maigres et élancés ; leurs traits sont réguliers et profondément accentués ; leur teint est brun, quelquefois animé de teintes vermeilles sur les joues, ils sont intelligents, sociables et hospitaliers. Les femmes sont généralement jolies ; quelques-unes même fort belles ; elles ont malheureusement, surtout dans les classes inférieures, peu de soins de leur toilette, et perdent ainsi la plupart de leurs avantages.

On rencontre encore, notamment dans les grandes îles, bon nombre de descendants de l'ancienne noblesse qui a fourni à l'archipel ses premiers colons : ils passent pour être très-infatués de leur origine, sans faire toujours ce qu'ils devraient pour s'en montrer dignes.

La classe moyenne est laborieuse, sobre et peu soucieuse en général de ses intérêts politiques, excepté cependant celle de Saint-Michel, qui, plus nombreuse et plus rapprochée du pouvoir, prend une part active et quelquefois énergique aux agitations de la métropole.

Chaque année, un grand nombre de navires baleiniers américains fréquentent l'archipel pour y prendre des rafraîchissements, qui sont abondants et à bon marché, et pour recruter des matelots parmi les pêcheurs, tous excellents marins. Les jeunes gens pauvres s'embarquent volontiers, et, après avoir couru le monde pendant cinq ou six années, reviennent au foyer paternel, avec le fruit de leurs économies, aider leurs parents âgés ou se créer à eux-mêmes une famille. Ces habitudes de migration sont la conséquence naturelle du bas prix de la main-d'œuvre, qui met, aux Açores, le pauvre dans l'impossibilité presque absolue d'arriver jamais, par son travail, à être au-dessus du besoin; elles sont aussi occasionnées par la crainte du recrutement militaire. Si elles enlèvent quelques bras à la terre, elles ont le bon côté de répandre un peu de bien-être dans les classes nécessiteuses.

Le paysan seul a conservé son costume national, qui consiste en une veste de grosse étoffe de laine fabriquée dans le pays, un pantalon semblable ou de grosse toile, suivant la saison, et une sorte de bonnet en drap, muni d'appendices latéraux qui se déploient pour garantir le cou de la pluie; la main est armée d'un gros bâton de quatre pieds, qui aide la marche dans les chemins escarpés.

Le costume des femmes ne présente rien de particulier, si ce n'est un vaste manteau en drap bleu ou noir qui descend jusqu'à terre et les fait ressembler de loin à des capucins.

La langue universelle des Açores est le portugais, que les gens aisés parlent assez purement, mais qu'il est difficile à un étranger de comprendre dans la bouche de ceux du peuple.

La religion, à l'exclusion de toute autre, est la catholique; elle a pour chef spirituel un évêque qui résidait autrefois à Tercère, et dont le siége est actuellement à Saint-Michel, bien que le chapitre n'ait pas cessé de rester dans la première de ces deux îles. Avant la loi du 17 mai 1832, qui supprima les couvents, il n'y avait île, si petite qu'elle fût, qui n'en comptât deux ou trois; ils étaient pour la plupart occupés par des moines franciscains, et par des jésuites (avant 1755). C'étaient en général des repaires de débauche, de fanatisme et d'ignorance. Nous passerons sous silence les faits scandaleux relatifs à cette époque; mais nous devons à la vérité de dire que la majeure partie des prêtres aujourd'hui répandus dans l'archipel donne un coupable exemple de dissolution, en vivant presque publiquement en concubinage.

Le gouvernement est exercé par trois gouverneurs civils ou préfets, indépendants les uns des autres, qui siégent aux chefs-lieux des trois départements, et qui sont nommés par la couronne. Chaque ville a, de plus, un administrateur du Conseil, sorte de maire, qui relève du gouverneur civil du département, et, chaque paroisse, un délégué qui relève de l'administrateur de la ville voisine. Le Conseil est une municipalité, choisie parmi les habitants notables pour éclairer les décisions de l'autorité.

Les préfets ont à leur disposition une petite force militaire, commandée par un général, qui réside à Saint-Michel et qui a sous ses ordres deux commandants de subdivision chargés, dans les autres départements, de pourvoir à la garnison des divers points fortifiés. Le chiffre total des troupes n'excède pas mille hommes, tant d'infanterie que d'artillerie. Cette petite force suffit à occuper les principaux points militaires et à maintenir l'ordre; elle n'aurait besoin, en cas de guerre, que d'être triplée pour assurer la garde des points importants de l'archipel, que des écueils nombreux mettent presque partout à l'abri d'un coup de main.

Au temps des capitaines généraux, chaque île avait sa milice nationale, composée de citoyens et commandée par des officiers du gouvernement; mais, en 1832, cette institution fit place à celle de la garde nationale, qui est promptement tombée en désuétude. Il en est des fortifications comme de la garde nationale: leur longue inutilité les a fait négliger, et, sur beaucoup de points, elles sont dans un état pitoyable; les affûts pourris ou brisés, et les pièces gisent sans surveillance sur la terre, exposés à toutes les intempéries.

La marine portugaise n'a pas un seul bâtiment aux Açores, pas même une chaloupe pontée ; aussi n'est-il pas rare de voir, pendant l'hiver, toute communication interrompue, durant 2 et 3 mois, entre certaines îles et le chef-lieu de leur département.

La justice réside entre les mains de neuf juges de première instance répartis dans les principales villes de l'archipel. Chacun d'eux prononce en dernier ressort sur les causes d'une importance ordinaire, et soumet ses décisions à une junte supérieure qui siége à Saint-Michel, pour toutes les causes d'un ordre élevé.

L'instruction est dans de mauvaises conditions : trois cours publics de philosophie et de rhétorique et deux colléges servent à répandre l'instruction parmi la jeunesse aisée des îles. Ces établissements manquent des éléments nécessaires à de bonnes études, et le plus souvent c'est en Europe que les enfants sont envoyés, quand leurs parents tiennent à ce qu'ils soient à la hauteur des connaissances actuelles. Il y a, dans les villes de quelque importance, des écoles gratuites où l'on enseigne à lire et à écrire, ainsi que les éléments du latin; mais les maîtres qui les dirigent sont si peu surveillés et rétribués, qu'ils ne prennent aucune peine pour former des élèves, et l'on peut avancer, d'après les supputations les plus modérées, qu'il y a au plus un enfant sur 30 sachant lire et écrire.

Les arts utiles n'ont fait aux Açores que bien peu de progrès. Une manufacture de draps, établie à Saint-Michel, a quelque temps rivalisé par ses produits avec celles du continent; elle est aujourd'hui abandonnée, et les seules étoffes qui se fabriquent dans les îles sont des tissus grossiers de laine, quelques toiles de lin ouvragées qui ne sont pas sans mérite, et des couvertures de coton communes. Tel est, avec la fabrication du vin, de l'eau-de-vie, de la grosse poterie et du fromage, le fond de l'industrie manufacturière. Le commerce principal avec l'extérieur consiste dans l'exportation des oranges, qui sont délicieuses, des vins, des légumes secs et des céréales. Les îles font de plus, entre elles, un petit commerce de cabotage, pour échanger ceux de leurs produits qui ne peuvent être exportés : ce sont les étoffes de laine, les tuiles, la poterie commune, la chaux, etc. Le commerce des vins a beaucoup diminué et ne s'élève guère à plus de la moitié de ce qu'il était il y a quarante ans. La cause en est due à l'augmentation du prix de la main-d'œuvre et de celui des terres, et au long état de paix qui a permis aux autres vins de l'Europe d'entrer en concurrence. L'eau-de-vie aussi était autrefois un article important de commerce ; mais elle ne s'exporte plus aujourd'hui qu'en petite quantité, comme le vin.

Le Portugal et l'Angleterre sont les deux pays qui entretiennent le plus de relations avec les Açores : le premier absorbe presque toutes ses céréales, le second y envoie chaque année 200 navires prendre des oranges. Ce mouvement considérable a fait réunir dans plusieurs ports des moyens efficaces de réparation et de ravitaillement. Angra et Horta sont notamment pourvus de bois de mâtures, de cordages et de tout ce qui est nécessaire aux navires dans leurs relâches. Le dernier se recommande particulièrement, ainsi que nous le verrons plus loin, par les ressources nombreuses qu'il présente aux navigateurs.

Le revenu total des îles s'élève à un peu plus de 2 millions ; il est fourni par les droits de douane et de timbre, par les taxes sur le sel, le tabac, etc., et par la dîme.

La dîme, composée de la dixième partie des récoltes de blé, vin, oranges, etc., est ordinairement affermée à l'enchère, dans chaque île, pour un certain nombre d'années.

Les appointements de tous les employés, sans distinction, sont payés sur ces revenus et le trésor de la métropole reçoit l'excédant, qui varie de 4 à 500,000 francs.

On s'étonne, avec quelque raison, qu'une population de 200,000 âmes procure d'aussi faibles revenus à l'État. Cette situation, qui ne date pas de plus de 20 années, reconnaît pour causes principales l'incurie du gouvernement et le commerce interlope considérable qui se fait sur les côtes au préjudice de la douane.

III

RÉSUMÉ HISTORIQUE

Ainsi que nous l'avons dit en commençant, la première des Açores fut découverte en 1432 par Gonçalo Velho Cabral; la reconnaissance complète de l'archipel ne s'acheva qu'en 1460. Toutes furent trouvées couvertes d'une riche végétation, mais sans aucun être vivant autre que des oiseaux. Leur sol était tellement encombré d'arbres, qu'il était impossible de pénétrer à l'intérieur, et de nombreux cours d'eau les arrosaient. Ouvertes à l'ambition de l'Europe, à une époque où ses divers États étaient en proie à la guerre, ces terres nouvelles donnaient à leurs possesseurs des espérances qui se réalisèrent effectivement en peu d'années. Les progrès de la population y furent dès l'origine considérables; de diverses parties de l'Europe on y voyait accourir des émigrants qu'attirait la réputation de fertilité du sol, et en moins d'un siècle elles fournissaient déjà des habitants aux autres possessions portugaises du nouveau monde. Elles furent divisées d'abord en sept capitaineries, héréditaires dans quelques familles de haute noblesse. Les donataires percevaient le dixième de tous les produits, et réunissaient les pouvoirs militaire, civil et judiciaire. C'était la féodalité moins ses rigueurs; car l'histoire constate que la bonne harmonie des premiers habitants, la candeur de leurs coutumes, l'intégrité qui présidait à l'administration de la justice, les grands avantages qu'on tirait de l'agriculture et du commerce, alors entièrement libre, invitaient beaucoup de gens à abandonner leur pays inquiet et tourmenté, pour chercher cette nouvelle patrie si productive et si pacifique.

Ce ne fut qu'après bien des années que le gouvernement annula les priviléges qu'il avait octroyés aux Açores, et les réunit à la couronne.

Bien que l'histoire de ces îles n'offre point les scènes sanglantes et désastreuses qui signalèrent la conquête d'une grande partie du nouveau monde, elle n'en a pas moins eu aussi ses phases malheureuses. Il se passa bien longtemps avant qu'un prince sincèrement ami de ses peuples s'occupât d'elles. On ne se rappelait guère leur existence que pour les accabler de prohibitions injustes; mais ce fut surtout en 1580, quand la couronne de Portugal passa sur la tête des rois d'Espagne, qu'elles eurent à souffrir, par suite de la résistance énergique qu'elles opposèrent à Philippe II pendant près de trois années. Le roi portugais, vaincu, se réfugia alors à Angra, capitale de Tercère, où il établit sa cour, et sut si bien se concilier l'esprit des populations, qu'en peu de temps elles formaient une armée aguerrie, avec laquelle il repoussa successivement les deux expéditions dirigées d'Espagne contre lui. En 1583, cependant, accablé par des forces très-supérieures, il se vit obligé d'abandonner Angra et de fuir vers la France, en laissant l'archipel au pouvoir de ses ennemis.

Sous la domination des Espagnols, plus tyrannique que celle des Portugais, les Açores ne laissèrent pas cependant de prospérer : de magnifiques fortifications garantirent les points vulnérables des attaques extérieures et rendirent la plupart des ports inexpugnables ; des établissements publics, des églises, des couvents, des casernes s'élevèrent de toutes parts ; des chemins furent pratiqués ; il est, en un mot, peu de travaux considérables de ces temps reculés qui ne soient le témoignage des efforts que fit l'Espagne pour donner du lustre à sa conquête.

Lors de l'avénement de don Joao de Bragance au trône du Portugal, l'archipel eut encore une lutte violente à soutenir, pour secouer le joug de l'Espagne, qui occupait toutes les places importantes. Durant deux années, ses enfants combattirent avec un indomptable courage, et ils finirent par faire capituler leurs ennemis. Le roi reconnut cette haute preuve d'attachement, en donnant place, sur le premier banc des Cortès, au député de l'archipel; mais, soit ignorance, soit maladresse, celui-ci ne crut pouvoir utiliser mieux son crédit, qu'en faisant supprimer aux Açores les représentants de l'autorité centrale. Privées dès lors d'un lien direct avec la mère-patrie, exploitées sans mesure par les municipalités, elles virent tarir une à une les sources de leurs richesses, et furent accablées de charges tellement lourdes, que l'excédant de leurs céréales ne put même être envoyé en Portugal.

Ce fut sur ces entrefaites qu'arriva au pouvoir le célèbre marquis de Pombal, ce ministre qui, pendant une longue période d'années, sut si bien faire respecter son pays par toutes les nations, et lui rendit l'éclat dont il avait brillé dans ses meilleurs jours. Un des premiers actes de son ministère fut d'envoyer aux Açores un délégué du pouvoir royal, investi du titre de capitaine général, et de les ériger en province du Royaume. Une succession non interrompue de ministres mit malheureusement fin à ce retour de faveur, et elles retombèrent dans la catégorie des colonies.

Angra, depuis cette époque, est restée la capitale de l'archipel et le lieu de résidence de tous les grands pouvoirs.

La guerre du Portugal avec la France,

en 1807, ne s'étendit pas aux Açores, et, débarrassées d'une foule d'entraves commerciales que leur avait imposées jusque-là la métropole, livrées à elles-mêmes, elles virent tous leurs produits augmenter de valeur, et leurs vins, très-recherchés par l'Angleterre, atteindre des prix élevés. Bien qu'exposées alors de temps à autres aux dévastations des corsaires, et malgré la perte de quelques navires richement chargés, cette époque leur procura une prospérité qu'elles ne connaîtront probablement plus.

Le changement de résidence de la cour de Lisbonne à Rio-Janeiro, tout en apportant aux Açores quelques avantages, entraîna aussi pour elles des maux sérieux : les impôts devinrent plus durs, les recrutements plus arbitraires, et divers actes du gouvernement prirent un caractère attentatoire à la propriété comme à la liberté des citoyens.

Les choses se trouvaient dans cet état quand, en 1821, le poste de capitaine général fut confié au général Stockler, homme d'un grand savoir et d'antécédents distingués, mais d'une humeur capricieuse et hautaine. Il n'y eut de toutes parts, sous son gouvernement, qu'un cri pour déplorer le despotisme militaire sous lequel on était accablé. Ponta-Delgada, capitale de l'île Saint-Michel, la plus riche et la plus populeuse du groupe, se souleva la première contre ce régime d'oppression. Elle déposa le délégué du capitaine général, qui résidait dans son sein, et se donna un gouvernement provisoire. Bientôt Stockler lui-même fut déposé à Angra, et toutes les villes, successivement, imitèrent l'exemple de Ponta-Delgada et d'Angra.

Depuis cette époque, l'archipel, divisé en trois départements, dont chacun est administré par un gouverneur civil ou préfet, comme nous l'avons dit ailleurs, envoie aux Cortès huit députés : trois pour le département de Ponta-Delgada, trois pour celui d'Angra et deux pour celui de Fayal. Chacune des îles, suivant le chiffre de sa population, figure au collége électoral de son département pour un certain nombre d'électeurs choisis parmi les notables.

L'histoire des Açores, à partir de 1821, se lie essentiellement, quant aux événements politiques, à celle de la mère-patrie. En 1828, après la révolution d'Oporto, à la suite de laquelle don Miguel, régent du royaume, usurpa la couronne, quelques milliers de Portugais se réfugièrent à Plymouth, et vinrent de là à Tercère, d'où, sous la conduite du comte de Villa-Florès, ils conquirent les autres îles à la cause de don Pedro.

Depuis lors, l'archipel a pris une part fort tiède aux dissensions qui ont agité la métropole, et il lui est fréquemment arrivé de témoigner sur ce point une complète indifférence. Toutefois, il est à remarquer que le département de Ponta-Delgada a généralement marché en tête des idées libérales, tandis que celui d'Angra restait fidèlement le défenseur de la royauté, et que le département d'Horta s'abstenait de toute démonstration..

IV

TABLEAUX DE LA POPULATION & DU COMMERCE

TOPOGRAPHIE DE L'ARCHIPEL

Les deux tableaux qui suivent présentent, l'un, les chiffres des populations absolue et relative de chaque île; l'autre, l'ensemble du commerce d'importation et d'exportation de l'archipel. Nous ne pouvons les donner comme rigoureusement exacts, bien qu'ils nous aient coûté quelque peine à dresser, à cause du peu de concordance des documents dont nous disposions; mais on ne s'éloignera guère de la vérité en les adoptant.

1er Tableau. — *Population.*

NOMS DES ILES.	ÉTENDUE en milles carrés de 60 au degré.	POPULATION absolue.	POPULATION relative ou par mille carré.
Sainte-Marie..............	45	7,500	166,6
Saint-Michel..............	245	70,500	287,7
Tercère...................	180	38,400	213,3
Saint-George.............	81	22,200	274,1
Gracieuse.................	28	11,500	410,7
Fayal	54	26,000	481,4
Le Pic	175	33,500	191,5
Flores....................	60	12,800	213,3
Corvo....................	6	800	133,0
Archipel..................	874	223,200	256,0
Portugal (Açores non comprises).................	28,350	3,173,000	111,92
France.	205,000	33,600,000	163,5

2° Tableau. — *Commerce.*

EXPORTATION.	IMPORTATION.
ANGLETERRE.	
120,000 caisses de fruits (oranges et citrons) de 800 chacune, quelques pipes de vin et d'eau-de-vie, et un peu de viande salée.	Étoffes de toutes sortes, tissus de soie, porcelaine commune, quincaillerie, papier, etc.
PORTUGAL.	
8,000 muids * de maïs, 6,000 muids de blé, une quantité considérable de légumes secs (fèves et haricots), un peu d'orge, du beurre, quelques toiles et fromages.	Coton, draps, bois, riz, thé, librairie, produits chimiques, denrées coloniales, etc.
BRÉSIL.	
Un peu de vin, du blé, des fromages, du beurre, et près de 4,000 muids de légumes secs. Chaque année, un assez grand nombre d'Açoréens s'engagent pour aller servir, pendant quelques années, au Brésil, comme travailleurs.	Bois et denrées coloniales.
ÉTATS-UNIS, HAMBOURG, RUSSIE, ETC.	
12,000 caisses d'oranges, 6,000 pipes de vin, 500 d'eau-de-vie.	Verres à vitres, fer brut et travaillé, toiles à voiles, cuivre, résine, bois, cordages.
* Le muid vaut 8 hectolitres ; on a à dessein gardé la mesure du pays.	

Nous avons maintenant à entrer dans quelques détails sur chacun des trois départements dans lesquels se divise l'archipel, et qui empruntent respectivement

11*

leurs noms aux villes où résident les préfets : Ponta-Delgada, Angra et Horta.

DÉPARTEMENT DE PONTA-DELGADA.

Le département de *Ponta-Delgada* comprend les deux îles de Saint-Michel et de Sainte-Marie ; c'est le moins étendu des trois, mais en même temps le mieux cultivé et le plus riche ; son revenu s'élève à un million de francs, dont une portion va au département d'Angra, pour l'aider à subvenir à ses dépenses, et près de 300,000 fr. au trésor de Lisbonne.

L'île de *Saint-Michel*, située à environ 250 lieues dans l'ouest du Portugal, fut découverte le 8 mai 1444, jour de la Saint-Michel. Elle a 12 lieues de longueur, et 70,000 habitants répartis dans une grande ville, Ponta-Delgada ; cinq petites, Ribeira-Grande, Villa-Franca, Alagoa, Aguadepau,

Nordeste; et 21 bourgades, plus ou moins considérables.

L'intérieur de l'île est accidenté de montagnes peu élevées; le climat y est sain, quoique un peu humide, comme celui de tout l'archipel; le sol, d'une grande fertilité, emprunte un aspect agréable à la grande variété des cultures. Les bestiaux de toute espèce sont abondants, particulièrement les ânes, qui servent au transport des fruits et des marchandises, et rendent presque tous les services que l'on demande ailleurs aux bœufs. Le bon état des chemins et la supériorité du mouvement commercial, n'ont pas peu contribué, dans le département de Ponta-Delgada, à la multiplication de cette race, qui pourrait également prospérer dans les autres îles, et dont la nature patiente s'adapte parfaitement à ce sol tourmenté.

St-Michel est, de toutes les Açores, celle dont les annales offrent le plus d'exemples dé convulsions volcaniques. L'éruption qui eut lieu en 1444, dans l'intervalle du second au troisième voyage de Gonçalo, fut surtout terrible et changea si complètement l'aspect de l'île, que ce navigateur la reconnut à peine à son retour. Cette catastrophe détermina à Sette-Cidades un affaissement considérable de terrain, où se formèrent deux grands lacs et de vastes plaines qui attirent l'attention du voyageur. L'éruption de Villa-Franca, en 1522, qui eut également des suites désastreuses, rasa la ville et en prolongea l'emplacement à grande distance dans la mer, en engloutissant près de 4,000 personnes. Diverses autres éruptions, plus ou moins dévastatrices, eurent lieu dans les années 1563 et 1652, et enfin celles de 1719 et de 1811 furent suivies de l'apparition de quelques îlots qui s'engloutirent peu de temps après.

On rencontre à Saint-Michel des sources d'eaux thermales salutaires contre les maladies de la peau. Les plus renommées sont celles de la vallée das Furnas, dont on raconte des effets merveilleux et qui sont sulfurées-acidules.

Malgré les avantages attachés à sa position, et malgré l'industrie de ses habitants, il est douteux que cette île atteigne jamais le degré de prospérité qui lui semble assigné, à cause du peu de sécurité qu'offrent ses ports. Il arrive fréquemment aux navires qui se présentent pendant l'hiver sur son littoral, pour prendre des chargements d'oranges, d'être forcés, avant de compléter leur fret, de gagner le large, par suite des mauvais temps. Durant cet éloignement obligatoire, la portion de chargement embarquée s'avarie aussi bien que celle restée à terre, et il en résulte des pertes considérables pour l'acheteur comme pour le vendeur.

Il y a trois siècles, qu'à plusieurs reprises, le gouvernement a été supplié de créer un port à Saint-Michel, et chaque fois il a repoussé, ou éludé les demandes qui lui étaient faites. En 1819, les habitants ont offert de contribuer pour un tiers à la construction d'un bassin, et même de le construire entièrement à leurs frais, sous condition de percevoir un droit; mais toutes leurs démarches sont restées sans résultats. Enfin, en 1842, le gouvernement s'est décidé à entreprendre quelques travaux pour améliorer une petite darse située à Ponta-Delgada, et qui peut recevoir une dizaine de navires; mais ce n'est point là un abri sûr, et, dans la mauvaise saison, les bâtiments sont constamment en danger de dérader ou de se jeter à la côte, à moins que l'état du temps ne permette de leur porter des secours en ancres, chaloupes, amarres, etc.

Les récoltes de maïs, de légumes secs et de céréales, s'élèvent, à Saint-Michel, à 25,000 muids, dont on exporte environ le tiers, et à plus de 100,000 caisses d'oranges qui prennent, chaque année, la route de l'Angleterre. Ainsi qu'il a été dit ailleurs, on cultivait autrefois à Saint-Michel, la canne à sucre, le pastel et le tabac; mais ces industries sont aujourd'hui abandonnées.

Ponta-Delgada, la capitale de l'île, qui fut fondée en 1499, s'étend le long de la côte S. de Saint-Michel sur un terrain peu accidenté et dans une grande baie mal fermée. La supériorité de ses ressources lui a valu d'être la résidence de l'évêque, de la junte suprême de justice et du commandant militaire de tout l'archipel, qui, dans le principe, résidaient toujours à Angra. Plusieurs édifices, parmi lesquels on remarque la douane, l'hôpital de la Miséricorde, d'anciens couvents et quelques belles églises décorent cette ville. Ses établissements littéraires consistent en une bibliothèque publique récemment

ouverte, en une chaire de philosophie et
de rhétorique, et en quelques écoles pri-
maires. Trois forts la défendent du côté de
la mer et en rendent, avec les rochers qui
hérissent le rivage, l'approche difficile.
C'est à Ponta-Delgada que se fait le principal commerce, tant d'importation que
d'exportation, des Açores, et que les autres
îles s'alimentent de produits étrangers.
Les faubourgs abondent en villas élégantes
qui appartiennent aux riches négociants
de la localité, et de vastes bouquets d'orangers donnent en toute saison à la campagne des environs un aspect vert et riant.
La population de Ponta-Delgada, estimée
à 16,000 âmes, est laborieuse, remuante et
jalouse de sa supériorité numérique.

Ribeira-Grande, ville de 8,000 âmes, est
située dans une jolie plaine, sur la côte N.
de l'île et presque au milieu de sa longueur.
Une rivière qui la traverse et se jette à la
mer lui a donné son nom : c'est là qu'était

autrefois la fabrique de draps dont il a été question au commencement de cette notice. On y remarque quelques jolies maisons et une belle église. Son port est principalement défendu par des récifs et par un petit fort en mauvais état.

Villa-Franca, la plus ancienne ville des Açores, celle qui a eu tant à souffrir de l'éruption de 1852, s'élève à quatre lieues dans l'E. de Ponta-Delgada. Son port, complètement ouvert depuis l'E. jusqu'au S.-O., est cependant un des moins mauvais de l'île, et se prêterait plus aisément peut-être que celui de la capitale, à des travaux hydrauliques. Elle compte 4,000 habitants.

Alagoa, bâtie entre Villa-Franca et Ponta-Delgada, ne mérite aucune mention spéciale, non plus que Nordeste ni Aguadepau.

Parmi les vingt et une bourgades qui complètent la population de Saint-Michel, on cite Rabodopeixe, avec 4,000 habitants ; Mosteiros, dont le port est assez bon ; Valle-das-Furnas, renommé par ses eaux minérales et situé sur l'emplacement d'un cratère aujourd'hui éteint; enfin Sette-Citades, dont il a été dit quelques mots précédemment.

Le nombre des navires qui fréquentent Saint-Michel, varie annuellement de 300 à 350 : l'Angleterre entre pour 130 ou 150 dans ce chiffre, les Açores et le Portugal pour à peu près autant, et les autres nations pour le reste.

L'île de *Sainte-Marie*, la plus E. de l'archipel, est à 14 lieues environ dans le S.-S.-E. de Saint-Michel : ce fut la première découverte et habitée; elle a trois lieues de l'E. à l'O., et son rivage est bordé presque sans interruption de rochers dangereux.

Plus qu'aucune autre, cette île présente des témoignages à l'appui de l'opinion qui rattache tout ou partie de l'archipel des

Açores à un ancien continent : on n'y trouve pas de trace d'action volcanique, et la pierre calcaire s'y rencontre en certaine quantité. La principale industrie de sa population, qui n'excède pas 7,500 habitants, consiste dans la culture des céréales et des légumes, dont plus de 300 muids s'exportent sur Lisbonne et sur Madère, dans la confection des tuiles et de la grosse poterie, dont elle approvisionne tout l'archipel, et dans la fabrication de la chaux. On a, depuis quelques années, essayé d'y naturaliser l'oranger, qui a parfaitement réussi, et qui donnera probablement, avant longtemps, son contingent au commerce de l'île.

Les descendants de Gonçalo Velho Cabral furent successivement, après lui, donataires de Sainte-Marie, jusqu'à l'époque où le duc de Bragance, en montant sur le trône de Portugal, arracha cette île à son possesseur, Joao Soares d'Albergaria, en châtiment de son dévouement à la cause de l'Espagne. Depuis cette époque, sa prospérité a considérablement diminué, et il est douteux qu'elle redevienne jamais ce qu'elle a été.

On compte à Sainte-Marie une petite ville, Porto, et trois bourgades.

Porto, le premier point habité des Açores, est une ville de 2,000 habitants, qui n'offre rien de particulier. Bâtie dans le S.-O. de l'île, sur le versant d'une colline qui vient finir à la mer, elle n'a qu'un mauvais port ouvert aux vents d'O. et mal défendu. Santo-Spirito, Santa-Barbara, San-Pedro sont les trois bourgades principales, dont dépendent quelques paroisses sans importance.

L'écueil des *Fourmis*, sentinelle avancée des Açores, est un groupe de rochers insignifiants, bons seulement à abriter de loin en loin une barque de pêcheur. Toutefois, ils conservent cet intérêt historique

que ce furent les premières terres aperçues par Gonçalo Velho Cabral, lorsqu'il partit en découverte, en 1431.

DÉPARTEMENT D'ANGRA.

Le département d'*Angra* comprend les îles Tercère, Saint-George et Gracieuse. La totalité de sa population s'élève à 72,000 âmes; ses revenus sont de 5 à 600,000 francs, qui ne peuvent suffire, comme nous l'avons déjà dit, à couvrir ses dépenses.

L'île de *Tercère*, située par 29° 33' de longitude O. et 38° 44' de latitude N., doit son nom à son rang de découverte, qui fut le troisième. Son sol est fertile, mais moins bien cultivé que celui des autres îles, et ne produit pas autant qu'autrefois. On compte à Tercère 39,000 habitants, parmi lesquels bon nombre de familles nobles descendant des premiers colons qui peuplèrent l'archipel. Cette circonstance, due à la présence constante dans l'île du délégué de la couronne, l'a tenue fermement attachée à la royauté, et nous avons vu, dans les considérations générales qui commencent cette notice, avec quelle fidélité et quel brillant courage elle combattit pour le trône. On peut lui reprocher de s'être trop souvent isolée du reste de l'archipel, quand il s'agissait d'en soutenir les intérêts généraux; mais cette attitude était, nous le répétons, due à l'influence exercée par les grands pouvoirs qui y résidaient, plus qu'à l'opinion des habitants.

On trouve dans cette île plus de luxe et moins d'industrie que dans les autres Açores. Le commerce y est peu considérable, et l'importation, supérieure à l'exportation, se limite à 6,000 muids de céréales et 24,000 caisses d'oranges. Le vin qu'on y fabrique ne suffit pas à la consommation de ses habitants, qui, chaque année, en demandent une certaine quantité à Gracieuse et à Fayal. Le voisinage des villes est embelli par de jolies maisons de plaisance, mais nulle part la campagne n'offre l'aspect animé qui frappe à Saint-Michel.

La population de Tercère se répartit dans une grande ville, Angra, deux petites, Praya et Sao-Sebastiao, et quinze bourgades.

Angra, avec 12,000 habitants, est située sur la côte S. de l'île, au fond d'une baie assez bien protégée de la mer, depuis le S. jusqu'à l'E., et où peuvent s'abriter contre certains vents de nombreux navires. Le port est pourvu de tout ce qui est nécessaire aux navigateurs en relâche, et deviendrait aisément sûr moyennant quelques constructions qui le fermeraient au S.-E., seule direction d'où la mer soit réellement à craindre. C'était autrefois le point de relâche des flottes portugaises revenant de l'Asie, de l'Afrique et de l'Amérique.

Les belles fortifications qui défendent Angra et qui se développent sur le mont Brasil, le grand nombre de ses églises et de ses édifices publics lui donnent un caractère sévère et grandiose, dont la disposition des lieux ne permet malheureusement pas de jouir du large. C'est la ville la plus considérable de l'archipel, après Ponta-Delgada.

Praya, bâtie près de la pointe E. de l'île, sur une plage de sable, compte 3,000 habitants; elle fut entièrement détruite, en 1842, par un tremblement de terre et réédifiée comme par enchantement, grâce aux efforts du gouverneur civil, Silvestre Ribeira. Il y avait autrefois, dans son voisinage, de riches salines, aujourd'hui abandonnées.

Sao-Sebastiao, petite ville de 1,200 habitants, était, il y a un demi-siècle, le centre d'un commerce assez considérable de tabac et de pastel.

Les bourgades les plus considérables sont Villa-Nova et Santa-Barbara.

L'île de *Saint-George*, située à 9 lieues dans l'O. de Tercère, a la forme d'une langue de terre étroite, et s'étend du N.-O. au S.-E. sur une longueur de 9 lieues. Elle est bordée de rochers élevés, taillés à pic, qui la défendent contre toute attaque et en rendent l'approche dangereuse pour les bâtiments. Sa position centrale dans l'archipel la désignerait, de préférence à Tercère, pour le siége du gouvernement.

Des volcans ont détruit une grande partie du terrain cultivable de Saint-George. L'éruption de 1580, en particulier, la couvrit dans presque toute son étendue d'un déluge de scories et de ponces, et changea en pierres ses belles campagnes; celle de 1808, moins désastreuse, ne laissa pas d'y causer aussi de grands ravages. Malgré sa déchéance, elle fournit encore un élément important au commerce général des Açores, notamment d'excellentes céréales, de bons fruits, de l'eau-de-vie, du vin qui passe, avec celui du Pic, pour le meilleur de l'archipel, des étoffes de lin et de laine, et des fromages de bonne qualité.

Découverte la quatrième, le jour anniversaire du martyre de Saint-George, elle fut, dès cette époque, annexée à la capitainerie d'Angra, et n'eut jamais, comme les autres Açores, l'avantage de posséder son donataire dans son sein. Sa population, d'environ 22,000 habitants, est répartie dans les petites villes de Vellas, Calheta et Topo, et dans sept bourgades.

Vellas est bâtie en amphithéâtre sur les flancs d'une montagne, auprès d'une grande baie, à 2 lieues au S.-E. de la pointe O. et compte 4,500 habitants. Son port, assez bien défendu par l'art du côté de la mer, mais ouvert aux vents de S.-E., qui y entrent avec violence par l'étroit canal formé entre Saint-George et le Pic, est abrité des autres vents par le voisinage même de cette dernière île et de Fayal. On trouve, auprès de la pointe E., une petite crique avec un quai, où un certain nombre de navires de fort tonnage peuvent accoster.

Calheta, avec 2,000 habitants, s'élève dans une plaine limitée d'un côté par la mer et de l'autre par de hautes montagnes. Son anse étroite n'est fréquentée que par des embarcations.

Lopo, au S.-E. de l'île, fut le premier point de Saint-George habité; sa population est de 2,800 âmes.

Les principales bourgades sont Norte-Grande, Ribeira-Secca et Urzelina, où l'on cultive des raisins excellents.

L'île de *Gracieuse,* à 10 lieues au N.-O. de Tercère et à 7 au N.-N.-E. de Saint-George, peut avoir 4 lieues d'étendue du N.-O. au S.-E. Les rivages en sont bas, mais l'intérieur est accidenté et montagneux. Ses principales productions sont l'orge, qui réussit mieux que dans les autres îles, et le vin qui, quoique de qualité inférieure, fournit une eau-de-vie estimée. Découverte la cinquième, par des pêcheurs de Tercère, en 1451, elle fut, comme les autres Açores, l'apanage de quelques familles nobles, jusqu'en 1650, époque où elle fut réunie à la couronne.

Des corsaires algériens ont, à plusieurs reprises, ravagé son littoral, mais elle n'a jamais traversé les vicissitudes dont ses voisines furent le théâtre.

On estime la population de Gracieuse à 11,500 habitants, répartis dans les deux petites villes de Santa-Cruz et de Praya, et dans deux bourgades.

Santa-Cruz compte 3,000 âmes et Praya 2,000. Le nom et un chiffre sont tout ce que l'on peut mentionner de ces localités, qui n'offrent rien de particulier.

DÉPARTEMENT D'HORTA.

Ce département qui emprunte, comme les autres, son nom à sa capitale, comprend les quatre îles de Fayal, le Pic, Flores et Corvo. Sa population est de 74,000 âmes, et ses revenus de 500,000 francs, dont une petite partie revient au Trésor de l'État.

L'île de *Fayal*, qui compte 27,000 âmes, est aujourd'hui la plus intéressante des Açores. Son port, Horta, l'un des moins mauvais de l'archipel, est fréquenté par beaucoup de navires étrangers qui y trouvent de nombreuses ressources. On y construit d'excellentes embarcations et de petits navires; de jolis meubles sortent de ses ateliers; l'agriculture y est aussi florissante que dans les belles provinces de Portugal; enfin, ses habitants ont contracté, par leur frottement fréquent avec les étrangers, des coutumes et des goûts qui font de Fayal une île à part, et qui n'ont pas peu contribué à la prospérité dont elle jouit.

Séparée par un étroit canal de l'île du Pic, où se récolte la presque totalité des vins de l'archipel, et qui est dépourvue de ports, Fayal est devenue l'entrepôt naturel de sa voisine. La plus grande partie de son commerce se fait avec Hambourg, les Etats-Unis, l'Angleterre et les autres Açores, dans les proportions suivantes de navires :

Angleterre. 35
Açores. 86
Hambourg, etc. 40

A ces 161 navires, il faut ajouter près de 200 baleiniers américains qui viennent annuellement se ravitailler à Horta, et qui y laissent tous une plus ou moins grande quantité de marchandises.

D'après le père Cordeiro, Fayal fut découverte en 1453 par des pêcheurs de l'île Saint-George; la famille de George d'Hurta en fut donataire jusqu'en 1692.

Une éruption, qui eut lieu en 1672 et qui enleva à l'île des terres précieuses, est la seule dont on ait le souvenir.

On compte à Fayal une ville, Horta, et neuf bourgades.

Horta s'étale en amphithéâtre au fond d'une vaste baie de sable, qui offre le meilleur mouillage des Açores. Protégée contre presque tous les vents par la terre et par le voisinage de l'île du Pic, cette baie est cependant ouverte à celui du S.-E., qui y occasionne une grosse mer et y cause souvent des dommages. Quelques brise-lames en auraient bientôt fait un port excellent, où les navigateurs rencontreraient à la fois un abri sûr et de nombreux approvisionnements. Tel qu'il est aujourd'hui, le port d'Horta se recommande à l'attention particulière des marins par les ressources variées qu'il présente : des corps-morts, récemment établis par une compagnie anglaise, leur assurent des ancrages passables; ils y trouvent de bons ouvriers, des bois, des rechanges et toutes sortes de rafraîchissements; enfin, le passage mensuel d'un bateau à vapeur transatlantique garantit leur correspondance.

Bien qu'une des plus intéressantes des Açores et méritant à juste titre toute l'attention du gouvernement, la ville d'Horta est à peine défendue contre une attaque extérieure. Son aspect, du large, est celui d'une grande ville. On y remarque de jolies églises, de vastes casernes et des maisons de campagne d'un excellent goût. Sa population est de 8,000 habitants.

Flamengos, Cedros et Castello-Branco sont les trois bourgades les plus importantes de l'île.

En terminant ces quelques lignes sur

Fayal, nous devons parler d'une baie de sable peu fréquentée, située à très-petite distance au sud de celle d'Horta, dont elle n'est séparée que par un isthme de 150 pas environ, et nommée Porto-Pim. Ce mouillage pourrait être rendu excellent et parfaitement sûr à peu de frais; une roche qui s'élève à l'entrée servirait de base aux travaux nécessaires pour le fermer et le mettre à l'abri de la houle du sud, la seule qui y soit à craindre.

L'île du *Pic* est située tout à côté et dans le S.-E. de celle de Fayal; elle s'étend vers l'E.-S.-E. sur une longueur d'environ 8 lieues et sur une largeur variable de 2 à 3. Son littoral, hérissé de hautes roches volcaniques, est complètement dépourvu de ports. Une chaîne de montagnes, dans la partie ouest de laquelle on remarque un pic fort élevé qui a donné son nom à l'île, la divise dans sa longueur. Le sommet de ce pic, couvert de neige pendant quatre mois de l'année, se termine par un vaste cratère complètement éteint, qui a plus de 120 mètres de largeur sur 30 de profondeur.

La grande élévation de cette montagne permet de la voir de fort loin quand le ciel est clair, et d'apprécier, par l'état des nuages accumulés au sommet, la nature du temps à venir.

Les traces d'éruption volcanique sont nombreuses dans l'île du Pic, et toutes ses parties sont autant de monuments d'un travail sous-marin. Aussi le sol en est-il généralement pierreux et particulièrement propre à la culture de la vigne, excepté dans la partie E., où l'on a naturalisé avec succès les produits d'Europe. La récolte annuelle peut s'estimer à 2,000 muids de céréales et à 20,000 pipes de vin généralement bon. Toutefois, hâtons-nous d'ajouter que des brouillards fréquents rendent cette évaluation sujette à de nombreuses variations.

Les habitants de l'île du Pic ont la réputation d'être, entre tous ceux des Açores, les plus adonnés au travail, et ses pêcheurs, obligés de braver une côte presque toujours dangereuse, sont d'intrépides marins, qui fournissent annuellement une portion notable du contingent que les îles apportent à la pêche de la baleine à bord des navires américains.

On fabrique au Pic une grande quantité d'étoffes communes de lin et de laine, et si une manufacture régulière de draps avait à s'établir dans l'archipel, la bonne qualité de la laine qui se récolte dans cette île devrait lui valoir la préférence. Ainsi que nous l'avons dit, presque tout son commerce se fait par le port d'Horta.

Découverte en même temps que l'île de Fayal, celle du Pic a eu dans l'origine le même donataire, et a passé comme elle entre les mains de la couronne en 1692. Son histoire n'offre rien qui ne se rattache essentiellement à celle de sa voisine, dont on doit la considérer comme partie intégrante.

Les 33,000 habitants du Pic sont répartis dans trois petites villes : Lages, Magdalena, Sao-Roque, et dans quatorze bourgades.

Lages est située au sud de l'île, dans une plaine limitée au nord par des rochers; sa population est de 3,000 âmes.

Madalena fait face à Horta, dont elle n'est éloignée que de 4 milles. Son voisinage produit d'excellent vin.

Sao-Roque n'a rien de remarquable.

Punta da Piedade et Santo-Antonio sont les deux bourgades les plus considérables.

L'île de *Flores*, la plus occidentale de l'archipel, a 3 lieues d'étendue du nord au sud et 2 de l'est à l'ouest. On y rencontre partout des vestiges de volcans, des cônes soulèvement, de la lave, des pierres poreuses, etc. Son littoral est bordé de falaises escarpées et de roches menaçantes, qui le rendent presque inabordable. L'intérieur est très-accidenté, montagneux, et n'a pas, en général, l'aspect riant des autres Açores ; le climat y est aussi plus froid et plus humide, et, malgré les habitudes laborieuses de sa population, on n'y constate pas autant d'aisance. L'isolement de Flores du reste de l'archipel et sa rare fréquentation par les étrangers, sont les principales causes de cette infériorité.

Ses productions consistent en céréales, pommes de terre et ignames. Ce dernier légume, dont un grand nombre de cours d'eau favorise le développement, constitue le fond de la nourriture des classes inférieures. On trouve, à l'intérieur, de bons bois de construction, particulièrement le cèdre, qui a, on le sait, la propriété de résister indéfiniment à l'action de l'humidité. Il n'est pas rare de rencontrer, à de grandes profondeurs sous terre, des troncs de cet arbre dont l'écorce est entièrement brûlée, tandis que le bois est dans un parfait état de conservation, autre indice d'anciennes convulsions volcaniques dans cette île.

Flores exporte aux îles voisines des bestiaux, un peu de grain et de viande salée, des tuiles, quelques bois, des étoffes de laine communes, réputées de bonne qualité, et une grande quantité de couvertures assez appréciées. Reléguée avec Corvo à 60 lieues du centre de l'archipel et à 35 du chef-lieu de son département, elle n'a que de rares communications avec le reste des Açores et encore moins avec l'Europe. Ses habitants, dont le gouvernement métropolitain a toujours semblé ignorer l'existence, sont, entre tous ceux de l'archipel, recommandables par la simplicité de leurs mœurs, leur cordialité et les dispositions naturelles qu'ils montrent pour les travaux de l'intelligence. La situation même de leur île les a constamment tenus étrangers aux discordes de la métropole, et n'a pas peu contribué à conserver parmi eux ce caractère loyal et hospitalier qui est leur plus précieuse qualité.

La population de Flores, estimée à 12,800 habitants, est répartie dans deux petites villes, Santa-Cruz et Lagens, dans quatre bourgades et quelques petits villages.

Santa-Cruz, la capitale, est bâtie auprès de la mer, sur un plateau d'environ 25 mètres d'élévation, sorte de pâté de lave recouvert successivement de cendres, de matières végétales et animales, et qui est aujourd'hui d'une grande fertilité. L'ancrage, mal abrité et dépourvu de fortifications, n'est guère fréquenté que par des baleiniers, qui viennent y prendre des rafraîchissements, et par quelques navires rentrant de l'Inde ou de l'Amérique en Europe. Cette île est, en effet, celle de toutes les Açores que les navigateurs peuvent le plus facilement atteindre sans se déranger de leur route, quand ils effectuent leur retour. Quelques travaux peu dispendieux suffiraient pour y créer, au milieu des rochers qui avoisinent Santa-Cruz, un abri capable de recevoir une dizaine de navires, et Flores, selon toute probabilité, en acquerrait une importance notable en peu d'années. Population : 2,000 âmes.

Lagens est bâtie dans le S.-E. de l'île; c'est une très-petite ville, que fréquentent aussi les baleiniers.

Les deux bourgades les plus importantes sont Punta-Delgada et Lazazinha.

La petite île de *Corvo*, située à 3 lieues dans le N.-N.-E. de Flores, peut avoir 3 milles du N. au S. et 2 de l'E. à l'O. Tout son littoral est bordé de falaises abruptes d'une hauteur prodigieuse. Le sol en est montagneux et fertile. On remarque au sommet un lac dont il a été question au commencement de cette notice et qui occupe la place d'un ancien cratère. L'île n'a que depuis 20 ans cessé d'être la proie d'un donataire, qui y percevait des impôts onéreux. Elle dépend aujourd'hui de Flores, sous les rapports administratif, judiciaire et religieux. Quoique bien rapprochés l'un de l'autre, il n'est pas rare de voir, dans la saison d'hiver, ces points rester un et deux mois sans pouvoir communiquer entre eux, à cause des mauvais temps qui règnent alors constamment dans ces parages.

La population de Corvo, estimée à 800 habitants, a, plus encore que celle de sa voisine, conservé une simplicité de mœurs dignes des premiers âges de la découverte. Elle est laborieuse, sobre, parfaitement unie, complètement indifférente aux jouissances du luxe européen, et vit heureuse, ne formant, pour ainsi dire, qu'une seule famille dont le curé est le père.

RÉSUMÉ

—

Comme on le voit par les quelques pages qui précèdent, l'archipel des Açores, si intéressant pour le voyageur et le géographe, ne l'est pas moins pour l'économiste.

Le climat en est sain et tempéré; la population laborieuse, sobre et profondément honnête.

Toutes les cultures susceptibles de donner la richesse y réussissent parfaitement.

Comme lieu de relâche, il présente aux nations maritimes des avantages incomparables de position, et il ne lui manque, pour atteindre à une grande prospérité, que quelques bons ports.

On ne saurait, quand on a vu de près et étudié ce point privilégié du globe, s'empêcher de former des vœux pour que ces avantages lui soient bientôt assurés.

C. P. (1847).

UNE EXPLORATION

DANS

LE FLEUVE DU GABON

COTE OCCIDENTALE D'AFRIQUE (1846)

UNE EXPLORATION

DANS

LE FLEUVE DU GABON

COTE OCCIDENTALE D'AFRIQUE (1846)

Au commencement de l'année 1839, le Gabon était encore un grand foyer de traite, où aucune nation n'avait songé à s'établir, — malgré les nombreux avantages attachés à sa position centrale comme point de ravitaillement et à la facilité qu'offrait cette position pour commercer avec l'intérieur du pays, — mais où les bâtiments français, de commerce et de guerre, faisaient de fréquentes apparitions. Au mois de février de cette même année 1839, la *Malouine,* commandée par M. Edouard Bouët, lieutenant de vaisseau, vint y jeter

l'ancre, et un traité passé avec Denys, chef
principal de la rive gauche, donna à la
France le droit de s'établir, quand elle le
jugerait utile à ses intérêts, sur cette
rive déjà en partie française par ses habitudes.

Dès 1840, cependant, la mortalité considérable qui sévissait parmi les blancs des
factoreries à esclaves situées de ce côté du
Gabon, nous obligea à chercher une position meilleure pour notre établissement,
et un traité, passé avec les chefs Louis et
Quaben, de la rive droite, nous assura un
terrain à notre convenance.

Mais le fleuve du Gabon était alors,
comme aujourd'hui, habité par des peuplades diverses de langage et d'intérêts,
et notre possession n'était guère acceptée
que par celle des M'Pongos, la moins
nombreuse et la moins puissante de toutes.
Cette circonstance, qui pouvait, avec le
temps, entraîner l'établissement d'une autre

nation européenne dans notre voisinage, détermina le gouverneur du Sénégal à conclure, en avril 1844, avec les chefs principaux des deux rives du Gabon, un nouveau traité, qui assura notre souveraineté complète sur toutes les terres, îles, presqu'îles, etc., que baignent ce fleuve et ses affluents. Les quelques chefs, sans importance d'ailleurs, qui ne souscrivirent pas alors à cette cession, y accédèrent plus tard, dans une série d'engagements particuliers, conclus par les soins de M. Darricau, lieutenant de vaisseau, commandant le côtre l'*Eperlan*. Enfin, en 1845, des fonds furent votés par les Chambres législatives pour faire du Gabon le point central d'approvisionnement et de réparation des subdivisions du S. de notre escadre d'Afrique, et bientôt des magasins s'élevèrent sur l'emplacement choisi en 1843.

Toutefois, il ne suffisait pas de nous mettre en rapport facile avec le littoral et d'y répandre l'influence de nos habitudes ; l'intérêt de notre commerce et de notre politique coloniale nous commandait en outre d'explorer en détail ces eaux désormais françaises, dont l'immense embouchure et les ports nombreux semblaient indiquer un cours magnifique.

Le comptoir du Gabon est, nous venons de le dire, situé sur le côté N. d'un vaste golfe dont les deux rives sont habitées, et qui, limité d'une part par les pointes Obendo et Bohuin, de l'autre par les îles d'Orléans (Konikey) et Parrot, va se rétrécissant à mesure qu'on avance dans l'E., où il se termine par une rivière d'un mille de large. A ce golfe viennent aboutir, comme autant d'artères à un tronc, plusieurs affluents plus ou moins considérables : Coye, Rogolay et Cômo, sur la côte N.; Mafouga et Rainbohouai, sur la côte S. La plupart de ces affluents, navigables jusqu'à quelque distance à l'intérieur, ne tardent pas, lorsqu'on les remonte, à démentir complètement ce que promettaient le premier aspect de leurs rives et leur grande profondeur d'eau. Obstrués plus ou moins vite par les bancs et les palétuviers, ils se rétrécissent au point d'être souvent, après quatre ou cinq lieues de parcours, impraticables même aux canots.

C'est à l'affluent Cômo, qui débouche à la côte N., qu'on doit, à proprement parler, assigner le nom de Fleuve du Gabon (1), parce qu'il est, au dire des noirs, le plus considérable de tous, tant par ses proportions que par la population qui se presse sur ses bords. C'est celui que nous avions surtout intérêt à explorer, parce qu'il ne l'avait jamais été complètement, et qu'une

____

(1) L'expédition récente de M. l'enseigne de vaisseau de Brazza semble indiquer qu'il existe un affluent plus considérable que celui du Cômo.

L'Auteur. — 1879.

sorte de crainte superstitieuse s'attachait pour les habitants du golfe à l'idée d'y pénétrer.

Seuls, les bâtiments négriers, poussés par l'appât du gain, se hasardaient autrefois à quelques milles dans le Cômo, où les guerres continuelles des peuplades riveraines avec celles de l'intérieur leur assuraient de faciles chargements d'esclaves. Depuis, cependant, le côtre l'*Eperlan*, commandé par M. Darricau, s'était avancé jusqu'à d'Chimbia, un peu à l'E. de Passoll, et avait même envoyé une embarcation à Cobangoï. Enfin, il y a 4 ou 5 mois, le capitaine de commerce anglais Becroft, dont les intéressants voyages au Niger ont popularisé le nom, remontait à trois lieues plus haut.

Notre tâche était, si possible, d'entamer des relations au-delà de ces limites.

§ 1

L'exploration qui nous était confiée avait à la fois pour but la reconnaissance approchée du fond du golfe du Gabon, où se jette la rivière Cômo, et de la rivière Cômo elle-même ; un aperçu de leurs ressources commerciales, forestières et agricoles ; enfin et surtout, la formation, dans la mesure que permettait une course rapide, de liaisons amicales avec les populations visitées, pour les préparer à la fréquentation ultérieure des blancs.

La partie rapprochée de la mer du golfe du Gabon est habitée presque exclusivement par les noirs M'Pongos, race paresseuse qui, à force de ruse, s'est constituée l'intermédiaire entre les navires de commerce et les peuplades du haut pays, et qui a pour chef principal le roi Denys, établi à la côte sud ; la partie intérieure est habitée à la fois par des M'Pongos, des Boulous et des Bakalais : Boulaben'n, pour les Boulous, et George, pour les M'Pongos, en sont les deux chefs les plus puissants. Tous ces noirs ont des langages différents, mais assez semblables cependant pour leur permettre de se comprendre entr'eux. Non loin de là, dans les terres, vivent les M'Bichos, les Com'boulous et les Pahouins, qui viennent de temps en temps apporter aux villages du littoral le produit de leur chasse et de leur industrie, et qui passent pour être adonnés à l'anthropophagie. Cette assertion, toutefois, pourrait bien être le fruit d'un calcul des rusés M'Pongos, pour détourner les blancs de chercher à commercer directement avec les peuplades de l'intérieur.

Sur tout ce littoral du golfe du Gabon, les produits indigènes n'arrivent à nos traitants que par une série d'intermédiaires qui les grèvent de frais de courtage, et qui multiplient ces difficultés d'échange dont se plaignent avec raison les capitaines de navires. Il pouvait donc être intéressant d'aviser aux moyens de faire cesser cet état de choses, en essayant d'appeler, par de bons procédés, les peuples du haut pays sur les marchés de notre comptoir.

Le petit bâtiment que nous montions, le *Zampa*, quitta le 29 août 1846 le mouillage du roi Denys, pourvu d'un pilote M'Pongo, de bon nombre de présents, et de tous les moyens utiles pour rendre son voyage fructueux. M. Dechamps, ingénieur de la marine, nous était adjoint ; il avait la mission spéciale d'étudier de quelle utilité pourraient être les bois du pays pour les constructions navales.

La portion de la côte sud du golfe, qui

s'étend depuis Denys jusqu'à George, est si fréquemment visitée par les navires, qu'elle ne nous présentait pas un intérêt bien direct d'observation, et nous fîmes voile directement pour l'île d'Orléans (Konikey), située sur la côte N., où nous jetâmes l'ancre vers six heures du soir.

Le lendemain, à la pointe du jour, nous allions en canot visiter les villages avoisinants, entre la rivière Ban'gia et la pointe Obendo.

Le premier qui se présenta fut celui d'Aouna, composé d'une douzaine de cases de fort mauvaise mine et presque toutes abandonnées. Son chef, Abraham, nous dit qu'il s'occupait à transporter son village un peu plus vers l'O., et que tout son monde était employé dans l'intérieur à couper des bois. Nous lui fîmes un cadeau, et, après avoir recueilli de lui quelques renseignements, fort vagues d'ailleurs, sur son commerce, nous le quittâmes pour rabattre à l'O.

Nous atteignîmes bientôt le village de Ciembre, situé sur une éminence boisée très-reconnaissable, dans la petite rivière de ce nom. Ici devait commencer la série des paniques de Sam, notre pilote M'Pongo : il nous déclara que Ciembre était peuplé de Boulous, et essaya, en termes chaleureux, de nous dissuader d'y aller ; puis, sur une menace de le débarquer s'il continuait ses lamentations, il eut honte et se tut.

Nous mîmes pied à terre au milieu d'une population nombreuse et visiblement étonnée, qui nous accompagna en poussant des cris. Le village s'élève au sommet d'une colline qui domine la mer et les forêts avoisinantes, et qui le rend d'un accès difficile, en même temps qu'elle le protége contre les émanations de marais situés à ses pieds. Nous fîmes quelques présents au roi, en lui disant que le chef des blancs nous avait envoyé visiter les noirs de la rivière et leur porter à tous des paroles d'amitié. Il promit de se montrer empressé à être utile aux blancs qui le visiteraient, et nous nous séparâmes avec force poignées de main.

De Ciembre à Boulaben'n, le village Boulou le plus important de cette côte, le rivage est hérissé de palétuviers qui en rendent l'accostage très-difficile, souvent impossible. Nous le longeâmes de fort près, en déterminant au fur et à mesure que l'occasion se présentait la position des principaux points par des relèvements de l'île Parrot, de la pointe Obendo, etc.

La rivière Coye, qu'on rencontre après celle de Ciembre, a un cours de 5 à 6 lieues; elle abonde en bois de toute sorte et nourrit une nombreuse population, composée presque exclusivement de Bakalais. C'est cette rivière, assurent les naturels, et non celle

de Ciembre, comme on le croit généralement, qui se rapproche dans son cours
de la rivière Mondah et qui se confond
même avec elle. Nos instants étaient trop
précieux pour que nous pussions vérifier
nous-même ce fait intéressant; la journée,
d'ailleurs, s'avançait, et nous tenions à
profiter de la marée de flot pour longer la
côte et relever, autant que nous le permettrait le peu de temps dont nous disposions, la position des points les plus sail-
lants du bassin.

Nous commençâmes par visiter l'île d'Orléans, dont l'aspect et l'heureuse position
nous avaient frappé le matin. Le chef de
cette île, homme intelligent et doux, nous
donna un guide qui nous conduisit sur un
morne élevé, d'où nous pouvions d'un coup
d'œil embrasser tous les environs. Nulle
situation à l'embouchure du Gabon ne
paraît aussi favorable que la baie voisine
d'Obendo pour un établissement, en raison

de la tranquillité parfaite de la mer et des nombreux éléments de défense que présentent les terres qui l'entourent. Entre les pointes Boulaben'n et Ciembre et l'île d'Orléans, règne un canal d'un peu moins d'un mille de longueur, où les navires trouvent un excellent mouillage et sont toujours en mesure d'appareiller. Des batteries, établies sur ces différents points, pourraient croiser leurs feux et rendre ce passage difficile, sinon impraticable.

La presqu'île Boulaben'n, haute d'une vingtaine de mètres au-dessus du niveau de la mer, reçoit les brises alternatives du large et de terre qui soufflent avec régularité, et se prêterait parfaitement à la construction d'un établissement, si mieux on ne préférait l'île d'Orléans elle-même, dont diverses expositions sont très-favorables. On trouve, sur plusieurs points de cette baie, de vieilles pièces

de canon qui proviennent d'anciens navires négriers, et qui semblent indiquer
que ce mouillage leur était familier.

En rentrant à bord, nous eûmes la
visite du chef de Boulaben'n, auquel nous
fîmes part, à l'insu du pilote Sam, de
notre intention de visiter les villages
Boulous et Bakalais du haut de la rivière. Le vieux chef sourit, et regarda
d'un air de doute notre pilote M'Pongo,
qui aurait bien voulu entendre ce qui se
disait. C'était l'occasion de nous assurer
un traducteur plus désintéressé de nos
paroles, et nous demandâmes à Boulaben'n un interprète de son village. Il
s'empressa d'offrir, à ce titre et comme
sauvegarde, son fils N'Diana, et en outre
D'Joumba, son neveu, jeune noir dont
nous eûmes plus d'une fois l'occasion de
constater ensuite l'intelligence et le sang-
froid. Le prix des services de chacun fut
réglé, et nous appareillâmes aussitôt.

Le reste de cette journée fut consacré à prendre des sondes et des relèvements, depuis Obendo jusqu'à la rivière Ban'gia, auprès de laquelle nous jetâmes l'ancre à la nuit.

Nous passâmes le 31 à lever le croquis hydrographique de la portion de côte comprise entre le mouillage de la veille et l'entrée proprement dite de l'affluent central. Un petit village, Don'guela, se présenta sur notre route ; nous y descendîmes pour prendre quelques barils d'eau. Il est bâti en amphithéâtre sur le flanc d'un morne voisin de Rogolay et s'étend en forme de longue rue, sans rien présenter d'intéressant ni de curieux. M. l'ingénieur Dechamps, désireux de se procurer des échantillons de bois, voulut pénétrer à l'intérieur du pays ; mais, après une demi-heure de marche, son guide refusa d'aller plus avant, prétextant la présence dans le voisinage de Bakalais errants, qui pourraient le voler. Nous donnâmes, au chef de ce village, quelques présents ; il s'y montra sensible et fêta immédiatement, avec une vingtaine des siens, deux bouteilles d'eau-de-vie qui en faisaient partie.

C'est ici le lieu de dire quelques mots de l'avidité avec laquelle tous ces noirs boivent les spiritueux, bons ou mauvais. L'ivrognerie s'est enracinée à ce point parmi eux, qu'il serait impossible d'en obtenir les produits du pays sans employer les mêmes moyens d'échange que ses devanciers. Véritables enfants, ils cèdent avant tout à leurs sens et n'obéissent à aucune idée de moralité ; ce n'est que bien lentement qu'on arrivera à modifier les tristes besoins qu'on leur a créés.

Nous rencontrâmes à Don'guela, et ensuite dans plusieurs autres villages, des Albinos d'un aspect repoussant. On éprouve toujours une sensation pénible à voir nus des hommes de même couleur que soi, encore que leurs traits et leurs formes soient les mêmes que chez les noirs. Ces Albinos nous ont, en général, paru laborieux et plus actifs que leurs congénères, et nous n'avons nulle part remarqué qu'ils fussent frappés d'ilotisme comme cela se voit dans quelques autres parties du monde.

Don'guela, Aouna, Ciembre et Boula-ben'n sont, ainsi que nous l'avons déjà dit, les seuls villages que présente la partie N. du bassin intérieur; on n'en compte que deux à la partie S. sur la même étendue de côtes.

Les affluents Ciembre, Ban'gia, Rogolay, compris entre l'île d'Orléans et Cômo, sont, au dire des noirs, peuplés sur leurs deux rives de Boulous et de Bakalais, qui n'ont presque jamais de rapports avec les blancs. Les deux premiers sont étroits et d'un cours borné, mais celui de Rogolay est souvent fréquenté par de petits bâtiments qui y remontent jusqu'à 7 ou 8 milles.

Tous trois fournissent au commerce une quantité considérable de bois de teinture et d'ébène, en outre des productions ordinaires de la côte. Puis viennent l'affluent Mafouga, qui débouche sur la côte S., à peu près au milieu de l'intervalle entre la pointe Bohuin et le village du roi George, et l'affluent Rainbohuai, le dernier avant d'entrer dans la rivière Cômo. Nous ne pûmes les visiter ni l'un ni l'autre, parce que nos instants étaient comptés.

Avant de pénétrer dans la rivière Cômo, récapitulons en quelques mots l'aspect du littoral que nous venons de voir :

Une étendue de côtes d'environ vingt-cinq milles, bordée dans toute sa longueur de mangliers à moitié immergés, au-dessus desquels apparaissent, en second plan, des arbres gigantesques, et, au loin, quelques montagnes de hauteur moyenne ; une population rare sur les rivages, mais paraissant plus dense dans l'intérieur; de nombreux affluents, dont la large embouchure ferait supposer un cours étendu, et qui, après quelques heures, se rétrécissent ordinairement en étroits marigots d'eau saumâtre; partout une végétation vigoureuse, activée par des vases fécondantes, et un commerce actif entre le rivage et l'intérieur, qui troque ses produits contre les marchandises européennes importées par les courtiers M'Pongos et Boulous.

Le matin du 1er septembre, nous donnâmes dans le Cômo avec le commencement du flot, par une faible brise d'E.-N.-E. : la largeur de la rivière, mesurée au micromètre, était à ce moment d'environ 3,000 mètres. Les affluents Atchango et Maga, situés N. et S., aux deux rives, se présentèrent les premiers sur notre passage : Deux petites îles, couvertes de palétuviers et nommées L'Chica, signalent l'embouchure de Maga, qui va, à

quelque distance, rejoindre Rainbohouai.
Aucun incident ne signala cette marée,
qui nous permit de remonter à environ
sept milles de notre point de départ, par
le travers de l'île Nen'gué, que l'on voit
s'étendre sur la rive gauche dans une
longueur de deux tiers de mille. A cet
endroit, l'eau avait un goût salin encore
sensible au commencement du flot, et
fortement saumâtre à la fin.

Nous terminions les observations nécessaires au tracé de la portion de rivière
parcourue, quand nous reçûmes la visite
du chef And'on de l'île Nen'gué. Le
pauvre homme, perclus de tous ses mem-
bres, était étendu sur une natte dans sa
pirogue, et nous fit signe qu'il ne pouvait
monter à bord. Touché de sa démarche,
nous le fîmes transporter sur le pont le
plus doucement possible; là, quelques
cordiaux lui donnèrent des forces, et nous
pûmes entrer en conversation. And'on

parut heureux de nos procédés; il nous dit que c'était non loin de son île que les Français venaient prendre leur eau douce, et que, jusqu'ici, ils ne lui avaient encore fait aucun présent.

Bien que notre possession soit aussi dûment établie sur ce point de la rivière que sur les autres, nous eûmes égard à la réclamation de ce chef, 'dont les mœurs semblaient fort douces, et nous lui fîmes un cadeau. Il y répondit par des provisions, et nous demanda avec instance un pavillon français, pour l'arborer sur son île quand des bâtiments passeraient dans la rivière. Nous lui en promîmes un pour le retour, et il prit congé de nous au bruit de notre petite artillerie.

L'île Nen'gué, presque entièrement couverte de mangliers et de palmiers-nains, est très-rapprochée de la grande terre et contribue, avec la pointe voisine, à rétrécir en cet endroit le lit de la rivière à moins de trois encâblures; mais, une fois ce point franchi, la largeur augmente tout à coup et redevient à peu près ce qu'elle était avant.

Jusque-là nous avions tenu, à cause de la grande largeur de la rivière, à n'avancer que de jour, afin de tracer le plus exactement possible les sinuosités des deux rives; mais le temps nous eût manqué pour continuer ainsi jusqu'au terme de notre exploration, et, la largeur ne dépassant plus guère quatre à cinq encâblures, nous crûmes pouvoir, sans trop d'erreur, considérer ces rives comme parallèles, sauf à modifier cette supposition quand l'occasion s'en présenterait. Cette détermination, qui ne pouvait que bien peu altérer un simple croquis hydrographique, nous permit de profiter des marées de nuit, et d'avancer rapidement dans la rivière à la faveur d'une lune presque pleine.

A un mille de Nen'gué, et sur la rive droite, nous reconnûmes une seconde île de mangliers, d'environ une demi-lieue de longueur, nommée Chôliou. C'est entre les deux que l'eau commence à être vraiment potable, et non loin de là, dans l'E., que s'élève le village de Passoll, où, quelques années avant notre passage, a été massacré l'équipage d'une embarcation anglaise. Passoll est l'avant-dernier centre de population Boulou un peu considérable que l'on rencontre en remontant le Cômo.

Le chef de Passoll jouit d'une grande influence dans la rivière, tant à cause de la position centrale de son village, que par suite de plusieurs expéditions audacieuses qu'il a faites au-delà du fameux Cobangoï. L'heure avancée de la nuit ne nous permit pas de le visiter ; mais nous nous réservâmes de le faire à la descente, que nous comptions combiner de manière à passer de jour devant les villages qu'il nous aurait fallu négliger en montant de nuit.

L'accueil le plus amical répondit à nos démonstrations dans les villages d'Antôbia, Côlo, Gombia, Atêqué, que nous visitâmes le 2 septembre; partout les chefs s'empressèrent de reconnaître, par des provisions de toute sorte, les cadeaux que nous leur faisions.

Peu après avoir dépassé Atêqué, nous nous trouvâmes dans une sorte de bassin circulaire, d'un demi-mille de large, où l'on voit une île et où viennent affluer plusieurs petits marigots. L'horizon se recula à cet endroit à une distance plus considérable, et nous aperçûmes, à 12 ou 15 lieues dans l'intérieur, une chaîne de montagnes élevées, qui semblait s'étendre du N.-O. au S.-E., sur une étendue visible de 60 degrés. Ces montagnes, qui sont probablement le point de départ des nombreux petits cours d'eau dont s'alimente la rivière, nous donnèrent l'espérance de rencontrer bientôt un courant régulier de descente que rien n'annonçait encore jusque-là.

On voit sur les deux bords de ce bassin plusieurs villages Bakalais : les uns en amphithéâtre sur une berge dégagée, les autres à moitié ensevelis sous des arbres gigantesques qui les couvrent d'une ombre constante. Les seconds plans déploient une végétation luxuriante et, au premier, les palétuviers perdent leur caractère monotone d'uniformité, en se mêlant à d'autres arbres qui prennent racine sur les bords; partout la nature revêt un aspect plus riant.

Les marées continuent à se faire sentir en cet endroit avec autant de régularité qu'à l'entrée de la rivière, sans altérer toutefois le goût de l'eau; les courants charrient des arbres et une vase épaisse arrachés aux alluvions des rives. Nulle part l'œil ne trouve à se reposer sur ces plages de sable qui donnent de l'animation aux cours d'eau, en permettant d'y mettre souvent pied à terre; les seuls endroits où l'abord soit possible, sans travail préalable, sont les emplacements de villages, en face desquels un tronc d'arbre abattu, souvent à demi-enfoui dans la vase, sert de débarcadère.

A mesure que nous avancions, les Boulous devenaient plus rares et les Bakalais plus nombreux, mais aucun incident n'entrava notre marche. Le pilote M'Pongo Sam, fidèle à son caractère timoré, manifestait seul, de temps en temps, quelque appréhension en voyant les populations se présenter armées sur notre passage; puis, lorsque nous avions fait des cadeaux et que des preuves non équivoques de bonnes dispositions le rassuraient complètement, il protestait que son inquiétude venait uniquement de sa sollicitude pour nous.

Remarquons au surplus que cette coutume de marcher armés, commune à tous les peuples sauvages, n'indique que bien rarement, chez ceux-ci, des intentions hostiles; nous eûmes souvent occasion de le vérifier.

Depuis Passoll, nous avions cru remarquer que la peau des naturels s'éclaircissait et que les étoffes devenaient plus rares; mais, à mesure que nous avancions, et en dépit de l'esprit mercantile qui se montrait partout, cette rareté devenait plus grande encore; l'habitude des blancs était évidemment moindre ou nulle, et le genre de vie se rapprochait sensiblement de l'état sauvage.

Pensant que nous remontions la rivière pour y commercer, les chefs des villages devant lesquels nous passions nous priaient tous avec instances de nous arrêter chez eux, nous assurant qu'ils auraient bientôt réuni quantité de marchandises du pays pour les échanger contre les nôtres. Leur étonnement était grand, quand, après avoir reçu nos présents, ils nous voyaient refuser les leurs, et ils insistaient pour trafiquer avec nous, prévoyant évidemment un avantage marqué à pouvoir se passer d'intermédiaires.

Nous atteignîmes le 2 septembre, au soir, le village de Cobangoï, situé sur la rive droite, à un mille environ dans l'E. du bassin d'où nous avions aperçu une chaîne de montagnes, et non loin de la pointe de l'île Zampa. Nulle part encore, depuis notre départ, nous n'avions rencontré autant d'apparence de bien-être que dans ce village. Les constructions y sont alignées dans une direction perpendiculaire à la rive, et une longue plantation de bananiers et de cocotiers, qui s'étend derrière chaque file de maisons, en les couvrant d'ombre, vient finir au bord de l'eau, où elle marie ses larges feuilles à celles des palétuviers. Le lieu de débarquement n'a pas plus de 7 à 8 mètres de largeur; il est tellement encombré d'herbes et d'arbustes, qu'il faut être tout auprès du village pour l'apercevoir, bien que ses premières maisons soient presque baignées par le flot.

Ainsi que nous l'avons dit, Cobangoï, le dernier village Boulou de la rivière, était généralement regardé, à tort ou à raison, comme sa limite accessible. Sam et les deux autres guides ne négligèrent pas de nous le répéter quand nous y arrivâmes, en ajoutant qu'il ne fallait pas songer à aller plus loin; que jamais ni blancs ni noirs n'avaient dépassé ce point, et que les habitants du haut pays étaient extrêmement méchants; enfin, comme argument décisif, que le Cômo était encombré de bancs, et tout à fait impraticable à quelques milles plus haut.

Bien que la rivière fût encore à cet endroit trop profonde et trop large pour

que nous pussions accueillir une semblable
assertion, nous restâmes convaincus que
nous ne tirerions rien de plus de ces
hommes, et nous nous rendîmes chez le
roi de Cobangoï, avec un beau présent,
pour essayer d'obtenir de lui un interprète,
sinon un pilote. Quand nous débarquâmes,
le pavillon tricolore fut hissé sur le village,
et une population nombreuse nous entoura.
Le roi était souffrant, ce qui ne l'empêcha
pas de nous recevoir en personne, entouré
des principaux habitants. Après l'avoir assuré des dispositions amicales des Français
pour toutes les populations de la rivière,
nous lui fîmes nos cadeaux, et, profitant
de l'impression de plaisir qui se peignait
sur ses traits, nous lui dîmes que nous
comptions sur lui pour nous faire piloter
plus loin; puis nous ajoutâmes, afin de ne
pas éveiller ses terreurs, qui déjà com-
mençaient à poindre, que notre intention
n'était pas de remonter à plus d'une marée

de son village. Il fit tous ses efforts pour nous dissuader de ce projet, répétant à son tour ce que nous avions déjà tant de fois entendu, et jurant qu'à un mille au-delà de son village il ne pouvait répondre des dispositions des noirs. Nous insistâmes avec douceur, convaincu qu'il n'y avait à vaincre là qu'une jalousie commerciale, et nous insinuâmes que le roi des Français apprendrait avec peine qu'un roi noir, qui avait fait un traité avec lui, se refusât à rendre service à l'un de ses bâtiments. Cobangoï répondit en protestant de son dévouement, mais sans vouloir cependant nous donner un guide, qui, disait-il, ne nous serait d'aucune utilité, personne parmi ses sujets ne connaissant la langue ni les habitants de l'intérieur du pays.

Sans perdre plus de temps à vaincre la résistance opiniâtre de ce chef, nous lui exprimâmes avec vivacité notre mécontentement, et, après avoir pris quelques observations à l'horizon artificiel, nous rejoignîmes le navire.

Nous ignorions encore à ce moment que le capitaine Becroft eût pénétré un peu plus haut que Cobangoï; mais nous n'avions jusque-là vu que des populations plus ou moins familiarisées avec les blancs, par l'intermédiaire des courtiers, et l'objet de notre mission était surtout d'entrer en communication avec celles qui ne les connaissaient pas.

La navigation de la rivière était d'ailleurs encore d'une assez grande facilité pour que nous pussions espérer de la continuer quelque temps sans pilote, et nous résolûmes de passer outre. Quant à nos trois anciens guides ou interprètes, ils étaient tellement frappés de stupeur en voyant faire les préparatifs d'appareillage, qu'ils ne prononçaient plus un mot. Pendant qu'ils se consultaient du regard, nous leur proposâmes de les laisser à terre, en les plaisantant sur leur bravoure. Alors D'Joumba, le plus jeune des trois, se leva avec un geste expressif, en nous disant : « Eh bien! j'irai, et, quand nous serons attaqués, tu verras que D'Joumba sait se servir d'un fusil! » Les deux autres, saisis de honte, imitèrent cet exemple, en jurant qu'ils n'avaient pas peur, et, afin de ne pas leur laisser le temps de se démoraliser de nouveau, nous profitâmes d'un reste de flot pour nous éloigner. Nous jetâmes l'ancre à la nuit, auprès du village Bakalais de Dom'bia, et prîmes dès lors toutes les précautions que commandaient les circonstances, en chargeant les armes et exerçant une grande surveillance.

La rivière, à cet endroit, pouvait avoir une encâblure de large, mais les arbres gigantesques de ses bords l'encaissaient tellement, qu'elle paraissait à peine en avoir la moitié, et que tous les bruits étaient répétés par un écho puissant. Les perroquets et les oiseaux de proie passaient incessamment au-dessus de nos têtes avec des cris aigus; des bandes de singes jouaient, en jacassant, dans les cîmes, et, quand l'obscurité fut complète, ces bruits firent place aux rugissements répétés des bêtes féroces, accompagnés de temps en temps par les plaintes lugubres des caïmans sillonnant les hautes herbes. Les oiseaux de nuit venaient se jouer autour de notre fanal d'habitacle, et s'enfuyaient ensuite à tire d'ailes, effrayés des nouveaux hôtes de la forêt.

Nous dûmes croire que, privé de guide, nous aurions plus de facilité à nous entendre de jour que de nuit avec les villages qui se présenteraient sur notre route, et cette considération fut sur le point de nous faire remettre au lendemain la continuation du voyage; mais songeant, d'autre part, qu'à la descente nous pourrions combler les lacunes de la montée, et qu'avec des précautions nous passerions inaperçus dans l'obscurité, en évitant des palabres interminables, nous levâmes l'ancre à 11 heures et demie du soir, et nous avançâmes sans aucun accident jusqu'à environ 12 milles plus loin, passant, durant ce trajet, devant plusieurs villages que nous signalèrent seuls les hurlements des chiens. Vers cinq heures du matin, nous étions auprès d'un affluent assez large, circonstance qui, jointe au rétrécissement considérable de la rivière, nous fit un instant hésiter sur la route à tenir. Plusieurs chants de coqs vinrent à ce moment frapper notre oreille de divers points avoisinants, et nous nous décidâmes à jeter l'ancre.

Nous étions à cette heure de la nuit où les bruits de la nature font un instant trêve devant l'approche du jour, et la chaîne de notre ancre, en filant avec fracas, éveilla jusque dans leurs profondeurs les échos des deux rives. Presque aussitôt, la forêt

retentit de hurlements humains qui se répé-
taient à une grande distance, et, avant le
jour, il était facile, en prêtant l'oreille, de
saisir des pas et des voix d'hommes dans les
palétuviers qui nous entouraient. Nous
fîmes bonne veille en attendant le jour, et,
dès qu'il fut possible de distinguer les
objets, nous vîmes la rive gauche couverte
d'hommes armés dont la contenance était
celle d'une profonde terreur.

Ils nous interpellèrent avec véhémence,
en disant que nous étions Boulous et venions leur faire la guerre; en même temps,
de nouveaux cris se transmettaient dans la
forêt et le nombre des hommes augmentait.
Nous recommandâmes le plus strict silence
à nos guides Boulous, dont la présence
pouvait nous être nuisible, et nous appe-
lâmes Sam, qui, plus mort que vif, se tenait
dans la cale. « Tâche de faire comprendre
à ces hommes, lui dîmes-nous, que nous
sommes des blancs qui venons les visiter

avec des dispositions amicales et pour leur faire des présents; engage-les à nous envoyer un des leurs, et nous le traiterons de manière à faire cesser toutes leurs appréhensions. » Malgré la brièveté de nos paroles, une palabre sans fin s'engagea, et les gens du village se consultaient en tumulte. — Le jeune D'Joumba crut démêler dans leurs discours qu'ils nous prenaient pour des habitants de Passoll et qu'ils redoutaient une surprise du genre de celle où, peu avant, les habitants de ce village leur avaient, au milieu de la nuit, enlevé des femmes. — Nous comprîmes seulement alors le vrai motif de la résistance du roi de Cobangoï, qui, ayant vraisemblablement aidé à cette expédition, devait craindre d'envoyer ses gens dans la rivière, et nous renouvelâmes nos protestations d'amitié. Le jour vint enfin éclairer nos visages blancs, et une pirogue dix fois expédiée et rappelée finit par nous accoster. Un verre d'eau-de-vie établit la confiance de l'audacieux qui se dévouait ainsi, et bientôt après, quelques cris qu'il jeta aux siens firent cesser les soupçons.

A l'étonnement stupide qui se manifestait sur les physionomies, aux investigations de chacun pour s'assurer que nos vêtements n'étaient pas notre peau elle-même, il n'était pas douteux que nous eussions dépassé le dernier point visité par le capitaine Becroft. Nous sûmes en effet bientôt qu'il s'était arrêté à moitié chemin de Cobangoï, au village de Noumbé, point où nous avions antérieurement jeté l'ancre. Quelques bouteilles vides, des grains de verroterie et de petits morceaux d'étoffe distribués à propos, avaient mis fin à la défiance, et bientôt nous vîmes arriver Calècouani, le chef du village. Nous lui fîmes des cadeaux, en lui disant que désormais il devait s'attendre à voir de temps en temps les blancs chez lui ;

qu'il ne fallait plus douter de leurs intentions, mais leur faciliter au contraire le passage de la rivière, et qu'à ces conditions il aurait toujours à se louer d'eux. Sam, dont, jusqu'à Cobangoï, nous avions suspecté la fidélité de traducteur, était depuis lors tellement talonné par la peur, qu'il enchérissait sur toutes nos paroles, afin de mieux s'assurer les bonnes dispositions des naturels, et bientôt Calècouani et lui furent si intimes, qu'ils convinrent de se rendre fétiche l'un pour l'autre. Cette convention donna lieu à une cérémonie qui mérite d'être rapportée.

Une amande de noix côla fut coupée et partagée entre les deux acteurs; puis, un tiers pratiqua au bras de chacun une légère incision, suffisante pour faire venir le sang, et les deux amandes y furent réciproquement trempées. Alors Calècouani, levant son bras en l'air et prenant une pose théâtrale, prononça à peu près ces paroles :

« Puissent tous les malheurs et la mort fondre sur moi et les miens, s'il est fait par nous le moindre mal au plus petit des tiens ! » Sam répondit par un discours semblable, et tous deux mâchèrent l'amande qu'ils tenaient à la main. Puis, l'amande mâchée fut crachée par chacun sur le bras de son partner, les deux égratignures furent frottées l'une contre l'autre, et une large libation d'eau-de-vie consacra les serments échangés. Sam s'empressa de nous dire que désormais il n'avait plus rien à redouter ; mais l'occasion se présenta bientôt de constater que cette pratique n'inspirait qu'une médiocre confiance mutuelle à ceux qui s'y livraient.

Toutefois nous nous hâtames de profiter de ce moment d'effusion pour demander comme guide à Calècouani son fils Ouemba, jeune garçon à la mine intelligente, le même qui, le matin, s'était dévoué le premier à venir à bord malgré les clameurs des siens. Il l'accorda avec quelque difficulté, et seulement quand nous l'eûmes assuré que nous n'irions pas à plus d'une marée. Cette petite supercherie, que nous avions déjà employée à Cobangoï, était nécessaire à la réussite de notre exploration.

Nous reçûmes, avant de nous remettre en route, la visite de plusieurs chefs des villages Mangui et Douma, auxquels nous distribuâmes quelques présents, en leur promettant l'amitié des blancs : tous y répondirent par des provisions. Le jusant n'était pas encore fini, que déjà les principaux habitants étaient partis pour l'intérieur du pays, et en rapportaient de l'ivoire, des armes en fer, de la gomme, etc. Selon toute probabilité, si nous avions dû rester quelques jours à Noumbé, et si notre mission l'eût comporté, nous aurions pu nous y procurer, à bon compte, une grande quantité des productions du pays.

Il en fut de même sur les autres points visités ensuite ; mais nous tenions exclusivement à rapporter des échantillons, et, pour mieux montrer à Calècouani que notre but n'était pas de commercer, nous refusâmes une dent d'éléphant qu'il nous offrait, en lui disant que les cadeaux qui lui avaient été faits par le chef des blancs ne demandaient d'autre retour que des dispositions amicales envers eux. Il fut surpris autant qu'enchanté de ce procédé, et, tout le temps que nous restâmes ensemble, il n'est sorte de témoignages démonstratifs qu'il ne nous prodiguât.

Nous trouvâmes dans ce village beaucoup moins d'étoffes que plus à l'O., mais plus cependant que ne nous l'eût fait supposer l'étonnement qui se manifestait à la vue de nos vêtements. Le village de Calècouani est Bakalais, et entretient des relations suivies avec les tribus nomades de l'intérieur. Quand nous y passâmes, plusieurs Pahouins chasseurs s'y trouvaient, et, selon toutes probabilités, c'est entre leurs mains qu'auront passé, en échange d'ivoire, la plupart des objets que nous avons laissés à Noumbé.

La race, à cela près de la couleur, qui nous a semblé un peu plus claire, est de tous points la même ici qu'à l'O., en ce qui touche le physique; au moral, mêmes coutumes, même mobilité dans les désirs et dans les idées, même penchant au vol. Les instruments de fer sont plus communs, plus grands, et d'un travail qui indique une certaine habitude de la forge. Nous nous en procurâmes quelques-uns, curieux par leur forme, leur poli et une certaine élégance d'ornements.

Avant de lever l'ancre, Calècouani recommanda encore une fois son fils Ouemba à Sam, et nous appareillâmes vers onze heures, favorisés par le commencement du flot, et remorqués par nos embarcations.

— Nous étions à peine en route, qu'une conversation animée s'engagea entre notre jeune guide et la population de son village accourue en masse sur la rive pour nous voir partir; et, pendant que notre attention était occupée ailleurs, Ouemba se glissa dans une pirogue et disparut. Il était intéressant de le ravoir; nous y parvînmes aisément au moyen d'une bouteille d'eau-de-vie, argument de haute valeur pour Calècouani.

Nous passâmes sans nous arrêter devant le village de Man'gui, situé à un mille de Noumbé, sur la rive droite; mais, à peine l'avions-nous dépassé de quelques encâblures, que le fond sauta subitement de 3 brasses à 1, et que nous nous trouvâmes échoués, avant d'avoir le temps de changer la route. En moins de cinq minutes, plusieurs pirogues des villages voisins se dirigèrent sur nous; à leur empressement, aux cris tumultueux des noirs qui les montaient, il était certain qu'elles connaissaient notre mésaventure, et probable qu'elles se préparaient à nous piller, quand nous serions tout-à-fait engagés. Sam nous supplia de faire prendre les armes à l'équipage, en disant qu'avant un instant nous serions complètement envahis. Nous ne pûmes nous empêcher de nous moquer un peu de cet homme, qui, une heure avant, se proclamait à l'abri de toute crainte. Nous fîmes surveiller de près le jeune Ouemba, qui avait bien envie de s'échapper encore une fois, et, en moins d'un quart d'heure, une ancre à jet nous mit à flot.

Les pirogues s'étaient tenues jusque-là dans les palétuviers, attendant le moment d'agir; quand nous fûmes déséchoué, deux d'entre elles, plus hardies que les autres, nous accostèrent, sans qu'on leur témoignât aucune défiance. L'un des noirs qui les montaient nous ayant fait comprendre qu'il y avait beaucoup de bancs sur notre passage, et qu'il pourrait nous les indiquer, nous le prîmes à bord comme pilote, comptant au besoin nous en servir comme d'ôtage, si des dispositions malveillantes se manifestaient encore sur notre passage.

La rivière se rétrécissait tellement, que notre petit bâtiment, tout maniable qu'il fût, était souvent lancé avec violence, par le courant, sur les bords, et que ses vergues s'engageaient de temps en temps dans les grands arbres; une fois surtout il y donna avec une telle violence, que nous nous attendîmes à voir tomber la mâture, et qu'il fallut une heure pour dégager le haut gréement d'une multitude de branches qui y étaient enlacées d'une manière inextricable.

Cet accident fut le dernier, et nous arrivâmes sans encombre à Dônia, rencontrant sur la route un autre village Bakalais, dont la population était déjà venue nous visiter le matin, au village de Noumbé. A Dônia, le noir qui se disait pilote nous affirma que les bancs allaient se multiplier et la rivière devenir si étroite, que nous aurions de grandes difficultés à nous diriger dans ses nombreuses sinuosités ; il ajouta même qu'en trois heures de temps nous pourrions, avec un canot, atteindre à un endroit où les avirons toucheraient les bords. Nous fîmes alors jeter l'ancre ; mais, dans la crainte d'être la dupe de quelque mensonge, comme nous aurions pu l'être à Cobangoï, nous résolûmes d'employer à nous en assurer les deux heures et demie de flot qui restaient encore.

Les 16 hommes d'équipage furent en conséquence répartis entre le navire, qui resta confié aux soins de M. l'ingénieur Deschamps, et le canot, armé en guerre, dans lequel nous nous embarquâmes, avec Ouemba et D'Joumba, malgré les instances du vieux chef de Dônia, qui nous avait suivi dans une pirogue et qui nous conjurait de ne pas aller plus loin.

Entraîné par un fort courant et 8 vigoureux nageurs, le canot remonta la rivière avec une vitesse de 5 nœuds, laissant à droite un petit village, pour gagner au plus tôt celui de Pendangoï, que Ouemba nous disait être considérable. Nous y arrivâmes effectivement après une heure de marche et mille précautions de notre guide, qui prouvaient clairement qu'il n'était pas rassuré. Longtemps avant de pouvoir être entendu, il se mit en effet à hurler sur un ton de fausset des paroles inintelligibles, qui retentissaient avec fracas dans les arbres. Elles restèrent d'abord sans réponse ; puis un colloque s'établit, et au détour d'un coude nous nous trouvâmes tout à coup en face d'une population de 3 à 400 hommes armés réunie sur les bords.

Nous demandâmes immédiatement le chef du village, et, pendant que nous l'at-

tendions, plusieurs pirogues armées entou-
rèrent le canot, et on lisait sur les visages,
avec les marques de l'étonnement le plus
complet, tous les symptômes d'une défiance
hostile. Un morceau d'étoffe, maladroite-
ment déployé, excita la convoitise générale, et cent bras se levèrent pour le
prendre, accompagnés d'effrayantes vocifé-
rations. Le chef arriva sur ces entrefaites;
nous le reçûmes amicalement, et le jeune
Ouemba, renchérissant sur ce que nous
disions, raconta la scène du matin. Bientôt
les dispositions changèrent et la population
se calma comme par enchantement. Pendangoï se montra fort doux; il était enchanté de nos cadeaux, et, pour preuve
de ses bonnes dispositions futures envers
les blancs, il nous demanda un papier
certifiant qu'il avait été visité par nous.
Notre homme, nous le sûmes depuis, avait
eu l'occasion de fréquenter le bas de la
rivière; mais la plus grande partie de son

peuple n'avait, que bien rarement, si jamais, vu de blancs.

Nous venions de constater, dans le trajet de Dônia à Pendangoï, la présence de plusieurs bancs, mais la rivière avait au moins 40 mètres de large, et, comme le flot devait durer encore quelque temps, nous nous remîmes de nouveau en route. Bientôt, cependant, les bords se rapprochèrent davantage; des troncs d'arbres, tombés en travers du courant, nous forçaient à de continuels détours; nous approchions visiblement des difficultés matérielles qui nous avaient été annoncées.

Après trois quarts d'heure de marche et de précautions plus grandes encore de notre guide, nous touchâmes à un petit village nommé Gango, peuplé de Bakalais et presque aussi considérable que le précédent. Là, nous eûmes de grandes difficultés à nous faire comprendre, et tout se termina par l'arrivée du chef, Diam'gani, qui vint en personne dans notre canot recevoir un présent.

Désireux de trouver des obstacles plus réels que ceux que nous avions rencontrés jusque-là, nous congédiâmes les noirs pour continuer notre route ; mais, à ce moment, plus de vingt pirogues nous entouraient ; la nuit était complètement faite, et nous avions beaucoup de peine à nous frayer un passage. Diam'gani insista avec chaleur pour nous dissuader de pousser plus loin, en nous protestant qu'après son village, nous ne rencontrerions que des Pahouins ; que ceux-ci avaient déjà plusieurs fois fait irruption sur Gango et Pendangoï, et qu'il échangeait journellement avec eux des coups de fusil.

Malgré notre désir d'entrer en communication directe avec ces peuplades, que l'on nous avait partout représentées sous de si sombres couleurs, nous dûmes peser ce que venait de nous dire Diam'gani et envisager les conséquences possibles, au milieu de la nuit, d'une course plus longue dans une rivière devenue très-étroite. Ce que nous eussions pu vraisemblablement tenter de jour, en prodiguant des cadeaux, la prudence nous l'interdisait dans l'obscurité, à moins de nous exposer à des coups de fusils qui, en blessant nos hommes, nous auraient causé de sérieux embarras, et nous avions d'ailleurs acquis par nous-même, de manière à ne plus conserver aucun doute, la certitude qu'avant une heure il nous faudrait forcément rétrograder, quand même les Pahouins ne nous y obligeraient pas plus tôt.

Nous crûmes donc avoir fait le possible utile, et, après nous être avancé encore d'un demi-mille, pour montrer aux pirogues que nous n'étions pas arrêté par leur manifestation, nous revînmes sur nos pas et rejoignîmes le navire dans la nuit.

Depuis que nous avions commencé notre

exploration, l'équipage travaillait sans relâche, et nous dûmes le laisser reposer. Le lendemain, nous commençâmes à descendre la rivière, passant de jour dans les lieux que nous avions parcourus de nuit, et rectifiant les quelques erreurs qui s'étaient glissées dans notre reconnaissance rapide des rives.

Nous entrâmes ainsi en communication avec quelques villages que nous n'avions point vus en montant, et nous fûmes parfaitement accueillis par tous, grâce à la réputation de bienveillance et de générosité que nous avaient faite dans la rivière nos nombreux présents. Malgré les bonnes dispositions apparentes des chefs, nous ne mîmes cependant pied à terre chez aucun de ceux qui n'avaient pas encore été visités par d'autres blancs que nous. Nous étions, avec nos petits moyens de défense, en état de faire face à une éventualité fâcheuse; mais, dans une promenade à terre, l'un

de nous risquait d'être dépouillé ou mal-
traité, et il eût fallu employer des moyens
énergiques que, non-seulement nous ne
possédions pas, mais qui pouvaient nuire
beaucoup au but conciliant qu'on se pro-
posait et qui était atteint jusque-là.

Un prochain voyage comme celui-ci
aplanira bien des difficultés et permettra,
si on le désire plus tard, une exploration
de l'intérieur des terres.

Une marée de jusant, qui dura près de
huit heures, et que nous aidâmes de tous
nos moyens, nous conduisit à quelque distance dans l'E. de Cobangoï. Quelques
chefs de ce village s'empressèrent de venir
nous visiter; nous les accueillîmes froide-
ment à cause de leur conduite passée, et
bientôt, nos guides leur racontant notre
course avec le stimulant du danger passé,
tous furent frappés de stupeur et nous
regardèrent presque comme des êtres sur-
naturels. Désireux de conquérir à tout

prix notre amitié qu'ils s'étaient aliénée,
ils envoyèrent prendre au village plusieurs
provisions qu'ils nous offrirent, disant que
le roi serait venu en personne nous visiter,
s'il n'eût été malade.

Pendant notre séjour à ce mouillage,
nous fîmes quelques échanges insignifiants
avec les naturels et nous reçumes la visite
des chefs de divers villages Bakalais.

Le résultat de ces entrevues fut le même
partout : nombreuses protestations amicales, demandes de certificats, et, en fin de
compte, grand désappointement en appre-
nant que nous ne voulions pas trafiquer.

Dans la nuit du 5, la marée nous porta
à 4 milles environ dans l'E. de Passoll.
Nous reçumes encore là des visites, où se
ratifièrent les bonnes relations déjà com-
mencées. Le roi de Passoll nous promit
monts et merveilles si nous voulions nous
arrêter chez lui; mais il nous fut impossible d'obtempérer à sa demande, parce

que la brise qui s'élevait joli frais de l'E.,
nous permit de faire route contre la marée.
Nous passâmes, sans nous y arrêter, devant
l'île Nen'gué et nous jetâmes l'ancre, le 5
au soir, à une lieue dans l'E. des îles Zéhica.

Avec la marée du 6 nous louvoyâmes
une grande partie de la nuit, la sonde à la
main, pour sortir de Cômo et entrer dans
le bassin intérieur du golfe, et nous mouil-
lâmes en face du village de Don'guela.

Le 6, à la pointe du jour, malgré un
reste de flot, nous profitâmes d'une jolie
brise de terre pour gagner la pointe du
Roi-George et terminer, autant que possible, en longeant la côte S., le croquis
hydrographique que nous avions commencé
avant l'exploration de la rivière. Les vérifi-
cations principales furent trouvées passa-
blement satisfaisantes, et nous multipliâ-
mes les sondes jusqu'à 11 heures.

Nous étions alors au N.-E. de la pointe
Bohuin, à environ 4 milles. La position de

la roche Ombuiri fut confirmée, et, la brise du large s'élevant bon frais, nous fîmes route pour gagner l'île d'Orléans, où, malgré le flot, nous pûmes laisser tomber l'ancre vers une heure. Le temps de cette marée fut consacré à la reconnaissance des contours de l'île, et à une nouvelle étude de la baie d'Obendo qu'elle commande.

Au moment de rentrer à bord, nous sentîmes les symptômes d'une fièvre violente, qui nous mirent dans l'impossibilité d'achever le réseau de sondes commencé antérieurement. A sept heures et demie, nous levions l'ancre avec le commencement du flot, et nous rejoignions sur la rade d'Aumale, à 10 heures du soir, le bâtiment amiral.

En résumé, les neuf jours de notre voyage présentent les résultats suivants :

1° Un canevas hydrographique du bassin intérieur du golfe du Gabon et de l'affluent

central, qui, quoique incomplet et insuffi-
sant pour diriger un navire sans pilote, à
cause du petit nombre des sondes, pourra
cependant servir de point de départ commode à ceux qui entreprendront l'hydro-
graphie complète.

2° L'exploration rapide de l'affluent principal du Gabon (1) jusqu'à ses limites acces-
sibles, 10 lieues plus haut que le dernier
point atteint jusqu'ici.

3° La consolidation des bonnes dispositions qui unissaient déjà la France aux
principaux chefs de la rivière jusqu'à Cobangoï, et la formation, avec ceux auxquels
nous étions totalement étrangers, de relations, qui nous assurent désormais un bon
accueil partout.

---

(1) Ainsi que nous l'avons dit plus haut, l'exploration
récente du fleuve du Gabon semble prouver que le *Cômo*
n'est pas, comme nous l'avions cru, l'affluent principal ;
les renseignements contradictoires des noirs et l'absence
complète de documents antérieurs expliquent notre mé-
prise. — *L'auteur*, G. P. (1878).

4° Enfin, l'appréciation des ressources diverses que présente en ce moment le haut pays, et de celles que notre commerce pourrait y trouver plus tard.

Nous terminerons ce récit par quelques observations générales, qui auront peut-être de l'intérêt pour d'autres voyageurs.

§ 11

Les bords de la rivière du Gabon présentent presque sans interruption des ter-
rains d'alluvion, déposés par les courants
sur un sol calcaire ou ferrugineux qui
semble être la base générale du pays;
de petits tertres argileux se montrent aux
premiers plans, et quelques montagnes
de hauteur moyenne aux derniers. Dans
l'intervalle des accidents de terrain, on
rencontre, à chaque pas, de larges flaques
d'eau saumâtre sans courant déterminé,
que la mer laisse en se retirant après
avoir inondé les environs. En certains
endroits favorables, la marée, creusant
peu à peu son lit, a fini par s'ouvrir un
passage qui, suivant les couches qu'elle

rencontrait, lui a donné accès plus ou moins avant dans l'intérieur. Le flot et le jusant se font en effet sentir avec une telle intensité dans quelques-uns de ces enfoncements, que, n'était la présence de l'eau douce dont on constate parfois la présence à quelques lieues de leur embouchure, on serait tenté de les croire exclusivement alimentés par la mer. Ces Marigots vont, pour la plupart, rejoindre à l'intérieur du pays, des marais d'eau douce qui n'assèchent jamais, et qui les alimentent en partie, mais sans avoir la force de porter leurs eaux jusqu'à la mer. Entre l'eau salée qui cherche à faire irruption et l'eau de ces marais qui se présente avec une densité au moins égale, chargée qu'elle est de matières étrangères, et qui tend à s'échapper, il existe ainsi, dans une zone plus ou moins grande, suivant la saison, un combat où, en raison des nombreuses sinuosités des bords, aucun des deux éléments ne remporte une victoire décisive, et qui n'entraîne que des perturbations locales, sans influence marquée du goût de l'une des eaux sur l'autre.

La vue des hautes montagnes, aperçues au cours de l'exploration et dont la chaîne semble se diriger à peu près perpendiculairement au lit de l'affluent Cômo, nous avait un instant fait espérer la rencontre d'un courant régulier d'eau douce sur lequel les marées seraient sans action ; mais lorsque, remontant à 10 lieues plus haut, nous constatâmes le même état de choses, nous dûmes penser que le Cômo lui-même n'était qu'un marigot plus profond et plus étendu que les autres.

Il n'est, d'ailleurs, pas inutile d'ajouter que l'eau douce, quelque haut qu'on soit dans les affluents, est toujours mêlée de détritus végétaux et de vase qui ne tardent pas à l'altérer une fois qu'elle est stagnante,

et que ce n'est qu'après un certain temps
de fermentation qu'elle redevient potable.

La multitude de villages que nous avions
vus sur notre route et la facilité avec
laquelle les noirs en changent l'assiette,
sans autre précaution préalable que de
dégager le nouvel endroit choisi par un
incendie local, permet de penser que le sol,
sur toute l'étendue de la rivière, est d'une
grande fertilité. Nous l'avons trouvé, en
général, composé, comme nous l'avons
déjà dit, d'une argile ferrugineuse, mêlée
de terreau grisâtre, dû aux dépôts des
eaux.

L'éloignement des noirs M'Pongo pour
les travaux manuels se rencontre, à peu
près au même degré, chez toutes les peuplades de la rivière. Le seul mobile qui les
arrache par intervalles à leur apathie est le
désir de se procurer nos produits; dans

ce but, les unes font le courtage, les autres chassent ; chacune travaillant d'autant plus qu'elle vit plus retirée à l'intérieur, et a par conséquent plus de peine à communiquer avec nous. Toutes d'ailleurs méprisent l'agriculture, tant le sol abonde en ressources naturelles, et fournit aisément à leurs besoins. Des bananes et une foule de racines mucilagineuses constituent la principale nourriture, à laquelle se joignent le poisson sec et la viande d'éléphant ou de sanglier fumée, que viennent troquer sur le littoral les peuplades chasseresses de l'intérieur.

Ces dernières, restées jusqu'ici éloignées de la mer, alimentent presque tout le commerce d'ivoire du Gabon par l'intermédiaire des riverains, dont elles reçoivent, après deux ou trois courtages, les fusils, la poudre, etc. Les Pahouins vont de préférence échanger leurs produits avec les Bakalais, dont les mœurs se rapprochent des leurs; ceux-ci les transmettent aux Boulous, les Boulous aux M'Pongos, et ces derniers enfin aux blancs. Quelques opérations se font sans passer rigoureusement par cette filière; c'est ainsi que divers villages Boulous et Bakalais de l'intérieur, restés fidèles à leurs anciennes coutumes, chassent encore l'éléphant et livrent directement leurs produits aux étrangers, quand ils en trouvent l'occasion; mais tant de difficultés se présentent pour arriver jusqu'à eux, tant de courtiers les jalousent et les circonviennent, que ces transactions ont toujours lieu sur une petite échelle, et ne font que corroborer la règle générale.

Il est notoire d'ailleurs que l'ivoire diminue sensiblement, non-seulement au Gabon, mais encore sur beaucoup d'autres points de la côte d'Afrique, et que les traitants se plaignent chaque jour des difficultés qu'ils rencontrent à se le procurer. Il n'en saurait être autrement : à mesure

que les noirs chasseurs du haut pays con-
naissent les blancs et s'habituent à leurs
produits, ils s'ingénient à les obtenir le plus
aisément possible, et trouvent, comme les
M'Pongos, le courtage moins pénible et
moins dangereux que la chasse. De là,
cette tendance incessante des populations
de l'intérieur à se rapprocher des rivages
de la mer. Les Boulous, qui habitaient autrefois dans le haut de l'affluent Cômo,
et qui étaient d'intrépides chasseurs, ont
été poussés vers l'O. par les Bakalais, et
les Bakalais, subissant à leur tour le mouvement général, commencent à renoncer
à la chasse, poussés eux-mêmes par les
Pahouins, qui accourent de l'intérieur.

C'est à ces causes, qui font que le courtage remplace la chasse et que les jalousies
commerciales augmentent, qu'est due la
diminution de l'ivoire, et non à la rareté des
éléphants, qui sont, au contraire, tellement
nombreux, qu'on les voit journellement

venir se faire tuer au milieu des villages. Moins de production et plus d'intermédiaires, tel est le mal qu'il faut s'appliquer à combattre, si l'on ne veut voir s'éteindre, ou tout au moins devenir fort difficile à exploiter, cette branche si importante de commerce.

La meilleure marche à suivre pour cela serait, à notre sens, la formation immédiate d'une société qui pût, avec quelques petits bâtiments bien approvisionnés et armés, se mettre partout en rapport direct avec les peuplades du haut pays. Celles-ci, ayant alors toutes facilités pour écouler le fruit de leurs chasses et tout avantage à se passer de courtages onéreux, resteraient fidèles à leurs coutumes, répandraient dans leur voisinage le désir de trafiquer directement avec nous, et bientôt notre influence atteindrait à des distances plus considérables dans l'intérieur, en y développant le goût du commerce.

Les navires de cette société approvisionneraient un comptoir central, par les magasins duquel passerait la plus grande partie de l'ivoire du pays pour l'exportation.

Nous pensons que ce monopole, indépendamment du résultat profitable qu'il assurerait aux deux parties, aurait une grande portée d'amélioration et de progrès, en développant forcément dans le bas pays, privé désormais du courtage, le goût de certaines cultures faciles, dont les produits, joints au commerce des bois, de la gomme, etc., lui permettraient en peu d'années de recouvrer et au-delà ce qu'il aurait perdu d'autre part. L'établissement du Gabon nous paraît, en effet, destiné à être autre chose qu'un simple comptoir. Il suffit, pour s'en convaincre, d'étudier, même rapidement, ses belles richesses végétales et les conditions favorables qu'il offre aux entreprises agricoles. L'occasion est bonne de tirer les populations qui vivent sous notre protection de leur état actuel, en les incitant à chercher dans leur sol les bénéfices dont ils sont avides et qui ne sauraient leur manquer.

Notre façon d'agir n'a pas été jusqu'ici rationnelle : nous voulons déraciner la traite des noirs, qui fut longtemps la spéculation la plus lucrative de ces peuples, et nous cherchons par tous les moyens à leur rendre plus indispensables les produits bons ou mauvais de notre industrie, sans leur faciliter les moyens de les conquérir. Soyons conséquents, et, à moins de vouloir l'abrutissement plus complet de cette race, faisons quelques efforts pour remplacer ce que nous leur ôtons.

La meilleure source de prospérité pour elle se trouverait dans un travail agricole modéré, travail qui deviendrait à la longue un agent de moralisation ; et, peu à peu, l'influence exercée sur le littoral s'étendrait aux populations de l'intérieur avec plus de

sûreté que ne le feront jamais les efforts
de missionnaires, dont le petit nombre et
le manque de moyens ne suffisent en général à produire qu'une action lente et restreinte. C'est à la fois en demandant à
l'Afrique ce qu'elle a d'utile au commerce,
et en révélant à ses habitants les richesses
latentes de leur sol, qu'on agira le plus
fructueusement sur eux; et si, dans chacune des grandes rivières qui arrosent ce
vaste continent, on pouvait nouer des relations avec les peuples de l'intérieur, on
arriverait vite à s'y procurer de beaux
produits et probablement à développer des
instincts meilleurs.

Les cinq ou six peuplades, diverses de
nom et de langage, qui habitent le Gabon,
ont toutes, à peu près, les mêmes carac-
tères de constitution; les seules différences
physiques un peu notables qui les distinguent paraissent tenir à des traits plus an-
guleux et à la couleur plus ou moins foncée

de la peau, à mesure qu'on s'avance dans l'intérieur. Quant aux différences morales, si l'on doit en constater quelques-unes dans la forme, selon la position des peuplades par rapport aux blancs, on peut dire qu'elles sont nulles dans le fond : Polygamie, fétichisme grossier, ruse, cupidité adroite ; tels sont les principaux traits de toutes. L'énergie et le goût du travail tendent d'ailleurs incessamment à diminuer parmi elles, ainsi que nous l'avons déjà signalé, et ils disparaîtront bientôt tout-à-fait, si l'on ne se hâte d'y porter remède.

La femme, comme chez la plupart des peuplades noires de l'Afrique et de l'Océanie, vit ici dans un état presque complet d'abjection, et c'est sur elle que pèsent tous les travaux pénibles de la famille.

Il est difficile de se faire, dans une course aussi rapide que la nôtre, quelque idée nette de l'importance de la population ;

nous pensons cependant ne pas être bien loin de la vérité, en la limitant à 200 ou 250 habitants par centre habité, chiffre qui, combiné avec le nombre apparent des villages vus par nous sur les bords de la rivière Cômo, donnerait un total de 10 à 12 mille habitants.

D'ailleurs, point d'apparence de gouvernement régulier, point de dépendance conventionnelle qui rende les villages d'une même peuplade solidaires les uns des autres, si ce n'est parfois la crainte de quelque voisin puissant; dans chaque centre, un chef qui paraît jouir d'une autorité assez restreinte; autant de républiques, en un mot, qu'il y a de villages. Les M'Pongos, voisins de la mer, ont, seuls, été un peu unis par leur communauté d'intérêt, comme courtiers; les Boulous le sont beaucoup moins; et quant aux Bakalais, sans être précisément en guerre les uns avec les autres, ils vivent presque tous sur le pied de la défiance réciproque, à cause du mouvement qui presse chacun sur son voisin, et menace incessamment de le déplacer. Les haines les plus vives sont celles qui existent entre les villages appelés à servir de limites momentanées entre deux peuplades; et, chose curieuse, tandis que celles-là en viennent fréquemment aux mains, celles qui vivent éloignées les unes des autres ont au contraire des relations continuelles de commerce : toutes ont pour unique mobile l'intérêt.

L'industrie de ces peuplades, dont les déplacements sont continuels, et qui ont pour principale occupation la guerre, a dû se tourner presque uniquement vers les moyens de s'installer promptement dans un lieu donné et de s'y défendre. L'incendie de quelques centaines de mètres carrés leur a préparé le terrain; des palmiers et des bois d'un travail aisé leur ont assuré des cases légères qu'ils pouvaient cons-

truire en peu de jours, et la présence du
fer presque à l'état natif sur beaucoup de
points leur a donné, avec des armes, les
quelques rares instruments nécessaires à
leurs besoins. C'est vainement que l'on
cherche parmi les populations qui ne con-
naissent pas les blancs quelques-uns des
raffinements de bien-être qu'on a trouvés,
lors de la découverte, chez plusieurs de
celles de l'Océanie et du Nouveau-Monde.
Tout dans leur vie semble se ressentir
d'une grande paresse naturelle et de cette
existence nomade, que les circonstances
rendent si souvent obligatoire.

L'industrie manuelle consiste exclusivement dans la fabrication de quelques objets
indispensables ; tels que : pirogues gros-
sières, filets, nattes communes et armes en
fer. Ajoutons-y la pêche, à laquelle ces
noirs se montrent adroits ; la chasse aux
éléphants, aux sangliers et aux bœufs sauvages, et la production de quelques vases

de terre, tirés d'une argile parfaitement pure de matières calcaires, et qui se cuit au soleil. Quant à l'agriculture, ainsi que nous l'avons dit, elle est nulle ou à peu près, tant les produits alimentaires en usage dans le pays exigent peu de travaux. La canne à sucre croit spontanément en grande quantité sur tous les bords de l'affluent Cômo, et le tabac y est cultivé sans aucune peine par les tribus de l'intérieur.

Un court examen montre, du reste, l'analogie parfaite du sol du Gabon avec celui de l'île du Prince, située à quarante lieues dans l'O., et prouverait au besoin que ce sol peut être soumis avantageusement aux mêmes cultures, si déjà des expériences faites sur le café et le cacao n'avaient constaté ce résultat. Moyennant des déboisements intelligents et des tranchées faites dans les parties voisines de la mer pour les isoler, on assainirait le pays, en donnant à la culture de grands espaces qui demanderaient peu d'efforts pour être utilisés.

Les ressources commerciales actuelles du Gabon sont connues, et nous avons signalé celles qu'il semblait possible d'y créer, en montrant le danger de voir la principale de toutes, l'ivoire, diminuer sensiblement. Ajoutons que les recherches de M. Déchamps, ingénieur d'escadre, qui accompagnait l'exploration, ont constaté, outre les richesses en bois de teinture et d'ébénisterie, la présence d'essences précieuses pour les constructions navales.

Il nous reste, pour terminer cet aperçu, à signaler quelques produits seco ndaires qui pourraient probablement donner, san beaucoup de peines, des bénéfices dignes d'attention. Cette partie de l'Afrique centrale est peuplée d'une quantité considérable de tigres, lions, panthères, singes, etc., dont les fourrures sont recherchées. Le peu d'adresse des noirs dans le maniement des armes à feu, et la petite quantité de munitions dont ils disposent, les ont jusqu'ici tenus éloignés de cette spéculation dont ils ne sauraient, d'ailleurs, tirer qu'un médiocre parti, à cause de leur ignorance des procédés de conservation des peaux, mais dont des traitants actifs et intelligents tireraient sûrement des bénéfices.

Nommons encore les poteries qu'il serait aisé de faire de très-bonne qualité et dont on se servirait comme de moyens d'échange avec l'intérieur; la construction de petits bâtiments qu'on vendrait avantageusement dans les établissements de la côte; enfin ces beaux joncs que l'Europe fait venir des régions de l'Inde, et qu'on a négligé jusqu'ici de demander aux marigots de l'intérieur, où ils abondent.

En résumé, on trouve au Gabon, ou au voisinage, tous les éléments d'un établissement utile aux trois points de vue qui doivent particulièrement intéresser la France : commerce, politique et civilisation ; soit que, le gardant tel qu'il est, on se borne, par des mesures prudentes, à régulariser le trafic de l'ivoire, de la gomme et des pelleteries pour en tirer le meilleur parti possible ; soit qu'entreprenant sur-le-champ quelques travaux de défrichement, on veuille chercher à ajouter à ses richesses naturelles celles que donnerait infailliblement un sol vierge et favorable.

La main-d'œuvre, cette condition indispensable de réussite, et dont il semble si difficile, pour ne pas dire impossible, de faire comprendre aux noirs la puissance, s'obtiendrait à la longue, moyennant rémunération suffisante, et surtout en prouvant aux chefs, par quelques expériences bien conduites, que leur intérêt y est engagé. A leur premier étonnement succéderait bientôt une impression favorable; puis, de proche en proche, et c'est là le résultat désirable, ils voudraient eux-mêmes exploiter le sol, et l'œuvre de civilisation marcherait peu à peu, gagnant du terrain à mesure que notre possession s'affermirait, et que ces peuples pourraient, par l'augmentation de leur bien-être, apprécier la portée bienfaitrice de notre occupation.

Mais autant une bonne direction est un élément puissant de succès, autant nous considérons un bon point de départ comme indispensable. Si le Gabon ne doit jamais être autre chose qu'un point fortifié pour ravitailler nos bâtiments de guerre, le lieu adopté réunit toutes les conditions dési-rables; si, au contraire, comme on peut l'espérer, cette possession est destinée à occuper un jour une place parmi nos colo-nies productives, aucun endroit ne réunit mieux que l'île d'Orléans (Konickey), ou la presqu'île Boulaben'n, les principales conditions nécessaires à un établissement à la fois commercial et militaire : port vaste et toujours tranquille ; défense facile et complète ; salubrité comparative plus grande que sur les autres points du bassin ; voisinage immédiat des grands affluents où se fait le plus de commerce ; eau de source excellente ; sol facile à travailler et présentant toutes les expositions ; pierre calcaire, bois de charpente, tout ce qui paraît enfin devoir faciliter le plus les premiers travaux et garantir le mieux leur durée. Nous insistons d'une manière particulière sur ces détails, qui nous semblent importants.

Terminons par quelques conseils au commerce.

Les marchandises les plus recherchées par les peuples du haut pays sont, en général, les armes à feu, la poudre et les ustensiles de cuivre ; ils méprisent nos étoffes, auxquelles ils suppléent avantageusement par des peaux de singe.

D'ici à quelque temps, malgré de beaux bénéfices probables, il serait imprudent aux navires marchands de s'engager très avant dans la rivière Cômo, où la simple circonstance d'un échouage ou d'une avarie sérieuse et les mauvaises dispositions de quelques populations qu'il leur faudrait d'abord traverser, avant d'arriver sur les points où se traite l'ivoire, rendraient probablement leur position difficile, sinon critique.

Quand un petit bâtiment armé y aura remonté plusieurs fois et familiarisé tout-à-fait les populations avec notre présence ; quand, d'un moment à l'autre, elles pourront s'attendre à nous voir pénétrer, à l'improviste, jusqu'aux dernières limites de la rivière ; alors seulement, il sera temps d'entamer des opérations commerciales dans le haut pays, si mieux on n'aime essayer la réalisation de l'idée que nous avons émise en commençant, d'exploiter régulièrement la rivière avec de petits bâtiments de commerce, munis d'un armement suffisant pour se défendre au besoin.

C. P.

FIN DU DEUXIÈME VOLUME

TABLE DES MATIÈRES

Brest. — Imprimerie de F. HALÉGOUET, rue Kléber, 11.

Brest, imp. F. Halégouët, rue Kléber, 11

9 782019 957438